NEUROCIENCIAS PARA TU VIDA

Investigación y corrección final:
LIC. VIVIANA BRUNATTO

Diseño de tapa:
JUAN PABLO OLIVIERI

NÉSTOR BRAIDOT

NEUROCIENCIAS PARA TU VIDA

Pensamientos que se leen, se ven, se oyen... ¡y se aplican!

Un libro con texto y videos

GRANICA

ARGENTINA - ESPAÑA - MÉXICO - CHILE - URUGUAY

© 2016 *by* Ediciones Granica S.A.

ARGENTINA
Ediciones Granica S.A.
Lavalle 1634 3° G / C1048AAN Buenos Aires, Argentina
Tel.: +54 (11) 4374-1456 Fax: +54 (11) 4373-0669
granica.ar@granicaeditor.com
atencionaempresas@granicaeditor.com

MÉXICO
Ediciones Granica México S.A. de C.V.
Valle de Bravo N° 21 El Mirador Naucalpan - Edo. de Méx.
53050 Estado de México - México
Tel.: +52 (55) 5360-1010 Fax: +52 (55) 5360-1100
granica.mx@granicaeditor.com

URUGUAY
Tel: +59 (82) 413-6195 FAX: +59 (82) 413-3042
granica.uy@granicaeditor.com

CHILE
Tel.: +56 2 8107455
granica.cl@granicaeditor.com

ESPAÑA
Tel.: +34 (93) 635 4120
granica.es@granicaeditor.com

www.granicaeditor.com

GRANICA es una marca registrada

ISBN 978-950-641-

Hecho el depósito que marca la ley 11.723

Impreso en Argentina. *Printed in Argentina*

Braidot, Néstor Pedro

Neurociencias para tu vida:
un libro para leer, ver y oír

He diseñado este libro con un formato que, además de contribuir a la incorporación de nuevos conocimientos, facilite un intercambio activo con los lectores.

- Cada capítulo cuenta con un código QR (*Quick Response code*, código de respuesta rápida). Quienes tienen lectora de QR en su móvil, podrán descargar un video que he grabado especialmente sobre los temas que se abordan en dicho capítulo.
- Los lectores que no disponen de este tipo de tecnología o, simplemente, prefieren utilizar ordenador o iPad para verlos, pueden acceder a dichos videos mediante el link ubicado debajo del QR.

A quienes deseen transitar el maravilloso camino del entrenamiento cerebral, los invito a formar parte de nuestra *Comunidad Braidot*, un ámbito que hemos creado no solo para expandir nuestro potencial mediante el intercambio de conocimientos y experiencias entre especialistas, académicos y alumnos que residen en diferentes países, sino también para sostener en el tiempo la motivación y el compromiso necesarios para esculpir una y otra vez este maravilloso tesoro que nos ha dado la naturaleza: nuestro cerebro.

NÉSTOR BRAIDOT

Datos de contacto:

info@braidot.com
www.braidot.com

Dedicatoria

*A Milena, por la profunda emoción
que trajo a mi vida cuando llegó a este mundo,
y por la felicidad que me produce verme reflejado
en sus hermosos ojos.*

Índice

Capítulo 9
CREANDO *CREATIVIDAD*, GENERANDO *INNOVACIÓN*
Herramientas neurocientíficas para despertar y desarrollar el potencial creativo

Capítulo 10
NEUROLIDERAZGO FEMENINO
El capital competitivo de la mujer reside en su cerebro

BIBLIOGRAFÍA

Prólogo

El título de esta obra, *Neurociencias para tu vida*, sintetiza tanto los conocimientos como las emociones que deseo transmitir sobre las maravillosas aplicaciones de estas disciplinas, no solo para mejorar el desempeño de nuestras capacidades actuales –como las habilidades para aprender más rápido, razonar con claridad, decidir en forma efectiva y relacionarnos mejor con nosotros mismos y con los demás–, sino también, y fundamentalmente, para *construir un futuro* que nos permita transitar con agilidad mental y armonía las edades avanzadas.

Ya no hay dudas de que el cerebro es producto de lo que pensamos, lo que hacemos y lo que sentimos, y de que todo ser humano que viva con autonomía es el único artífice de su propio neurodesarrollo. De hecho, la naturaleza y un medio ambiente favorable durante la infancia solo proporcionan los cimientos sobre los que cada persona tendrá que construir segundo a segundo durante toda la vida.

Desde hace tiempo, sabemos que las conexiones entre neuronas están modificándose constantemente según cómo utilicemos el cerebro (neuroplasticidad) y que el cerebro tiene capacidad para generar nuevas neuronas (neurogénesis). Lo relevante es que las neurociencias, en sus diferentes ramas y especializaciones, nos invitan a completar este maravilloso trabajo de la naturaleza y nos dicen cómo hacerlo.

Por ejemplo, cuando se trata de rejuvenecimiento físico, alrededor de los treinta años (en promedio) las personas comienzan a intensificar el tiempo que le dedican a su cuerpo para evitar su deterioro, y en el mundo entero se observa una toma de conciencia sobre los cambios necesarios en la alimentación. En el caso del cerebro, el "rejuvenecimiento" comienza mucho antes; de hecho, uno de los segmentos con los que más trabajamos en nuestro centro de neurodesarrollo son los adolescentes.

Tanto en esa como en otras etapas de la vida no son necesarios esfuerzos gigantescos, píldoras o soluciones mágicas. Es suficiente con aprender a liderar la morfología cerebral mediante prácticas sencillas y, sobre todo, cambiando hábitos que son nocivos para el cerebro por otros que mejoran su funcionalidad y potencian su energía.

En este camino, el liderazgo emocional es un factor clave, no solo porque las emociones son estados funcionales del cerebro, sino también porque están inscriptas en su anatomía. Por ejemplo, se ha observado que en las personas felices el núcleo caudado es más grande en comparación con el de aquellas que no lo son, y esta estructura es muy importante para la motivación y un conjunto de funciones que tienen que ver con la velocidad mental –entre ellas, la atención y la memoria–.

Por ello, *Neurociencias para tu vida* habla también de la capacidad de experimentar el placer y disfrutar, dado que ello dará como resultado, además de un mayor bienestar individual, una importante activación de los sistemas de recompensa del cerebro y, consecuentemente, más energía, más rapidez, más creatividad, más inteligencia.

Recuerden: descubrir no es solo buscar nuevos territorios, también es observar con una nueva mirada, expandir la conciencia y la metaconciencia hacia el entorno y hacia uno mismo.

Solo con profundidad y sinergia entre la observación y la autoobservación podemos liderar nuestro propio proceso de cambio y transformación. El desarrollo cerebro-cuerpo-mente-espíritu no es una atribución que viene dada por la suerte, el destino o los genes. Es el resultado de lo que cada uno de nosotros hace por sí mismo.

Néstor Braidot

Capítulo 1

Neuroplasticidad y neurogénesis

Acceda al video mediante este QR o en https://youtu.be/XlZrANWVZxA

Cómo rejuvenecer el cerebro y liderar nuestro desarrollo y evolución

Temas destacados ···

1. Neuroplasticidad: el cerebro humano es producto de lo que somos, lo que hacemos y lo que sentimos.

2. El cerebro genera nuevas conexiones durante toda la vida.

3. Cableado neuronal: los cambios son vertiginosos luego del nacimiento.

4. Inscripciones morfológicas: hoy es posible deducir cómo es, cómo siente y a qué se dedica una persona observando su cerebro.

5. El cerebro construye la realidad en función de lo que percibe.

6. Neurogénesis: el cerebro genera nuevas neuronas durante toda la vida.

7. No solo las conexiones entre neuronas están modificándose constantemente según cómo utilicemos el cerebro (neuroplasticidad); muchas actividades favorecen la generación de nuevas neuronas (neurogénesis).

8. Los seres humanos podemos tomar el control de nuestros procesos neuronales: cómo tener un cerebro sano, ágil y activo.

Neuroplasticidad: el cerebro es producto de lo que somos, lo que hacemos y lo que sentimos

En el cerebro reside todo lo que una persona fue, es y puede llegar a ser, lo que ha experimentado, aprendido y memorizado, su conciencia y su meta-conciencia. También residen allí sus habilidades y sus dificultades, lo que acepta y lo que rechaza, lo que ama y cómo ama, lo que está presente y lo que cree haber olvidado.

No es en el corazón, sino en el cerebro, donde se ubica la predisposición para el rencor o el perdón, para sentir miedo o coraje, para ser optimista o pesimista, para estar alegre o deprimido.

Y si bien todos los seres humanos vienen al mundo con esta plataforma de lanzamiento extraordinaria, su desarrollo dependerá de lo que cada uno perciba, experimente y procese a lo largo de su vida, ya que en el momento del nacimiento –con excepción de lo que viene inscripto en los genes– todos los cerebros están programados biológicamente para desempeñar las mismas funciones.

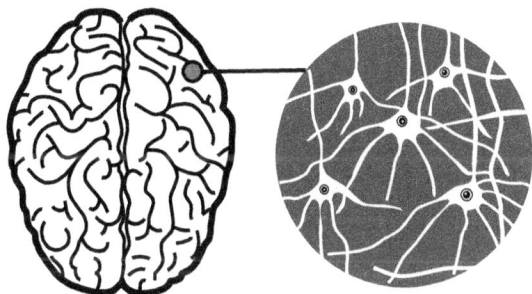

Lo que va a diferenciar el cerebro de una persona con relación al de otra es la intrincada estructura de redes neuronales que se irá formando a medida que estas células se comuniquen entre sí como resultado de los estímulos que reciban del medio ambiente.

Estas redes son escasas y pequeñas en el momento de nacer. Con el correr del tiempo, algunas se irán ampliando, otras permanecerán estáticas y otras se irán creando debido a un fenómeno que se conoce con el nombre de **neuroplasticidad**.

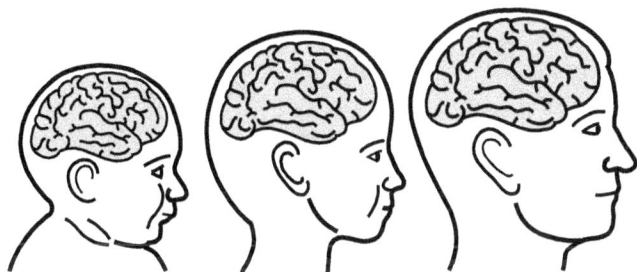

LA CARACTERÍSTICA DISTINTIVA DEL CEREBRO ES LA NEUROPLASTICIDAD

Se va modificando a lo largo de la vida como respuesta a las condiciones medioambientales, al aprendizaje y a las experiencias que vamos incorporando.

La gráfica siguiente muestra cómo va cambiando el cerebro de un recién nacido debido a las modificaciones que se producen en sus conexiones neuronales.

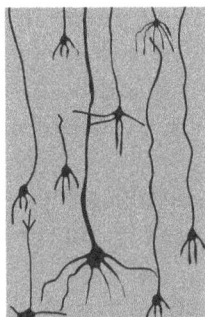

NACIMIENTO

Neuronas y redes
neuronales en el día
del nacimiento.

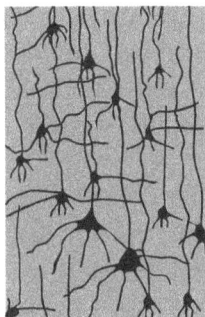

DESARROLLO POSNATAL

Aumentan progresivamente las conexiones sin
que se produzca un aumento en el número de
neuronas en la misma zona del cerebro.

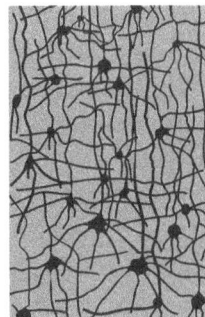

Este fenómeno explica por qué cada cerebro es único y completamente diferente de los demás. Si bien (en el caso de las personas sanas) todos desempeñan similares funciones, el cerebro de una actriz es distinto del de una ingeniera, el de un conservador del de un liberal, el de un ateo difiere del de un religioso, y el de un taxista tiene zonas con distinto desarrollo en comparación con el de un músico. Veamos algunos ejemplos.

- Al comparar los cerebros de un grupo de participantes integrado por músicos profesionales, músicos aficionados y personas que no se dedicaban a la música, se descubrió que los primeros tenían más desarrolladas las zonas relacionadas con el oído, la vista y la actividad motora del cerebro (esto último se debe al entrenamiento de convertir las notas escritas en las partituras en movimientos de los dedos)[1].

---

1. Esta investigación, publicada por Christian Gaser y Gottfried Schlaug en *The Journal of Neuroscience*, corroboró mediante fMRI que existe una correlación entre el nivel alcanzado en la práctica musical y el desarrollo de algunas zonas del cerebro.

- En el Instituto de Neurociencia Cognitiva de la Universidad de Londres se realizó una investigación mediante fMRI (resonancia magnética funcional por imágenes) en la que participaron 90 adultos jóvenes que previamente habían respondido un cuestionario sobre su ideología política. Al analizar los resultados (que luego fueron corroborados con otra muestra de 28 personas), se descubrió una fuerte correlación entre dicha ideología y la estructura cerebral: quienes previamente se habían definido como liberales de izquierda tenían mayor densidad de materia gris en una región denominada cíngulo anterior, mientras que los que se definieron como conservadores de derecha tenían una zona de la amígdala más grande. Ambas estructuras se encuentran en las profundidades del cerebro, tal como puede verse en la figura siguiente.

Activación de la amígdala y el cíngulo anterior durante una investigación realizada con liberales y conservadores británicos

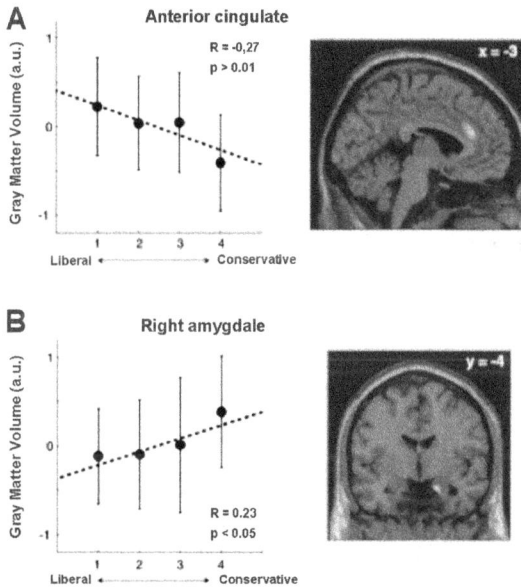

El **cíngulo anterior** participa en funciones muy importantes del organismo, como la regulación de la presión arterial y el ritmo cardíaco. Tiene un papel fundamental en la motivación, la atención y la iniciativa (y en muchos otros aspectos del comportamiento). Es una zona muy estudiada por la neuropolítica debido a

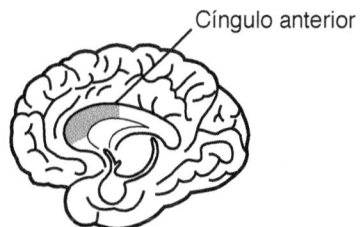

que se activa en situaciones que requieren resolver conflictos entre opciones.

La **amígdala** es una pequeña estructura con forma de almendra que interviene en detectar señales que anticipan peligro o amenaza. Desempeña un rol fundamental en nuestra vida emocional.

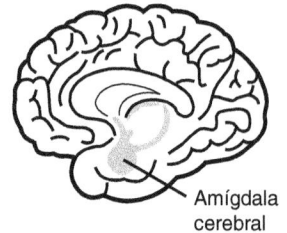

Amígdala cerebral

De ambos casos se desprende con claridad lo siguiente:

> EL CEREBRO SE EXPRESA, INFORMA,
> NOS DICE COSAS SOBRE UNA PERSONA

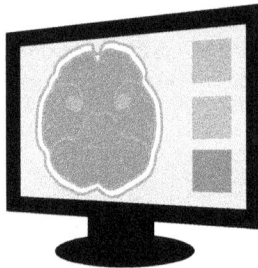

Mediante resonancia magnética funcional por imágenes y otros instrumentos tecnológicos de los que se vale la neurociencia, hoy es posible conocer aspectos relevantes sobre una persona.

Además de inferir valores y la posible actitud política de una persona, se puede saber a qué se ha dedicado durante la mayor parte de su vida, si es religiosa o no lo es, si optó por la acrobacia o las ciencias exactas, si le gusta el producto que está probando (dominio del neuromarketing), hasta qué punto es racional cuando toma decisiones (dominio de la neuroeconomía), etcétera. Las posibilidades son tantas como aspectos se desee indagar.

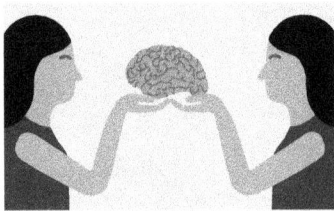

El cerebro construye la realidad en función de lo que percibe; la percepción determina la morfología cerebral

¿Por qué los cerebros de dos gemelas, criadas en el mismo ambiente y con los mismos estímulos, terminan siendo diferentes? La respuesta a esta pregunta tiene que ver, precisamente, con el título de este apartado. Lo explico.

Dentro del sistema nervioso, el cerebro se ocupa de recibir los estímulos que llegan tanto del medio externo (a través de los sentidos) como del interno (preconceptos, ideas, valores, etc.).

Debido a esta interacción, los seres humanos podemos formarnos una percepción particular ante cada información que recibimos, y esto explica por qué un mismo acontecimiento puede suscitar versiones diferentes. De estas particularidades se habla cuando se utiliza la expresión **construcción cerebral de la realidad**.

Cada persona interpreta el mundo a partir de lo que ve, siente, huele, escucha y toca, y de la interrelación de estas percepciones con lo que existe en su mundo interno.

Esto es: a partir de lo que le interesa, lo que le es indiferente, lo que hace y lo que no hace, lo que admira y lo que desprecia, lo que cree y lo que no cree, lo que la ha hecho feliz y lo que la ha hecho desdichada, etcétera.

Retomando el ejemplo de las gemelas: si una de ellas opta por las matemáticas mientras que la otra elige la literatura, sus cerebros se diferenciarán en gran medida. Si una se dedica a la danza mientras que la otra opta por la ingeniería, se producirá el mismo fenómeno.

En realidad, los cambios notables en la morfología comienzan a generarse apenas las personas llegan a este mundo, debido a que los aspectos de la realidad que llaman la atención a cada bebé son diferentes. Por ejemplo, una de las gemelas puede sentirse atraída por el muñeco de un hada que cuelga del techo, mientras que la otra quizá ni lo registre y focalice su atención en otras imágenes o sonidos.

Por lo tanto, y en síntesis:

- *Cada ser humano genera una versión personal y particular sobre los hechos; por lo tanto, la construcción cerebral de la realidad es un fenómeno subjetivo*.
- *En todo proceso de percepción existe una mediación (normalmente no consciente) de los **filtros o mapas mentales** que hemos ido construyendo a lo largo de la vida. Por ello, cada persona ve lo que quiere ver y oye lo que quiere oír. Normalmente, estas construcciones se van enraizando a lo largo del tiempo hasta convertirse en canales de percepción predominantes.*

- *A través de la vista, el tacto, el olfato, el gusto y el oído, el cerebro capta, procesa e interpreta la información que llega del medio ambiente, generando las respuestas que dan origen a pensamientos, razonamientos, decisiones, sentimientos, acciones.*

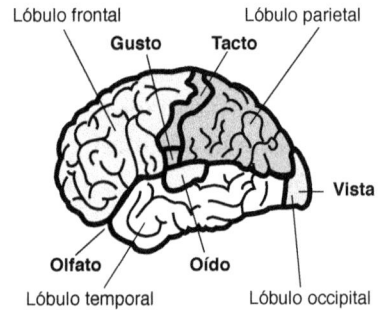

Lóbulo frontal — Lóbulo parietal
Gusto   Tacto
Vista
Olfato   Oído
Lóbulo temporal   Lóbulo occipital

LOS SENTIDOS EN EL CEREBRO

Por ejemplo, si de repente escucha una alarma, se activarán neuronas de su corteza auditiva; si lee un libro, se activará su corteza visual; si toca un objeto, el estímulo que reciba a través de la piel pondrá a trabajar neuronas que se encuentran en su corteza somato-sensorial primaria.

En todos los casos, la información que ingresa por los sentidos sigue su camino hacia otras zonas del cerebro donde es procesada.

Según su contenido, puede que desencadene un movimiento, que lo deje estático, que la olvide o que pase a su memoria de largo plazo, contribuyendo de este modo a la formación de los sentimientos y conceptos que tenga sobre las demás personas, el mundo que lo rodea y sobre usted mismo, así como también a lo que sienta y decida.

La gráfica de la página anterior ilustra cómo se ubican los sentidos en la corteza cerebral. También le ayuda a comprender por qué se argumenta que no vemos con los ojos, sino con el cerebro, o por qué no escuchamos con los oídos, sino con el cerebro.

El cerebro por dentro: una breve síntesis introductoria

El cerebro es una especie de masa gelatinosa rodeada por un líquido denominado cefalorraquídeo, cuya función principal es sostenerlo y protegerlo. Cuando se lo extrae, se observa un tejido de color gris rosáceo. Este tejido está compuesto por millones de células nerviosas que se conectan formando las redes que controlan todas las funciones de la mente.

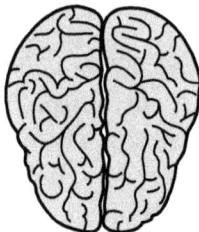

Si tuviera oportunidad de estar presente en una clase de anatomía cerebral, vería claramente que el cerebro está dividido en dos partes, que se denominan *hemisferio izquierdo* y *hemisferio derecho*, unidas por una estructura que se conoce como cuerpo calloso.

El cuerpo calloso actúa como un puente de comunicación: es imprescindible para que la información del hemisferio izquierdo pueda ser utilizada por el derecho, y viceversa.

La superficie de ambos hemisferios está cubierta por la **corteza cerebral**, que es una pequeña capa que promedia los 2,6 milímetros de espesor. Normalmente, se compara dicho espesor con el de un pañuelo de hilo o la cáscara fina de una fruta, como una manzana, una pera o una papaya. A pesar de su reducido tamaño, solamente en esta parte del cerebro se calcula que hay aproximadamente treinta mil millones de neuronas que constituyen una red que tiene aproximadamente... ¡un trillón de enlaces!

A nivel funcional, la corteza incluye áreas motrices, somestésicas (sensibilidad corporal, como la que procede de la piel y los músculos), áreas del lenguaje, áreas relacionadas con los sentidos (visual, olfativa, auditiva y gustativa) y áreas de asociación que integran la información. Entre estas últimas están las áreas de asociación motrices y las que se ocupan de relacionar e interpretar información que ingresa a través de los sentidos.

En el nivel más alto, estas áreas intervienen en las funciones cognitivas más elevadas. Por ejemplo, el área de asociación ubicada en el lóbulo prefrontal está relacionada con la planificación y el pensamiento abstracto, mientras que en el lóbulo parietal tenemos áreas que utilizamos para leer y hablar.

La corteza es, sin duda, una de las más extraordinarias creaciones de la naturaleza. No solo por las funciones que desempeña, sino por el proceso que sigue durante su formación: en el período inmediato posterior a la gestación, el cerebro y la médula espinal se parecen a un diminuto tubo que se va expandiendo con el objetivo de formar el cerebro.

Como es muy grande con relación al tamaño del cráneo, la corteza se va plegando sobre sí misma a medida que va creciendo. Estos pliegues y circunvoluciones le dan un aspecto arrugado y forman las regiones anatómicas en las que ha sido subdividida para poder estudiarla: **el lóbulo parietal, el lóbulo temporal, el lóbulo occipital** y **el lóbulo frontal**.

Cada lóbulo tiene áreas funcionales y asociativas. Estas últimas son las que diferencian al cerebro humano del de otras especies, ya que se ocupan de las funciones mentales superiores, como el pensamiento, el razonamiento, la creatividad, la formación de conceptos, etcétera.

Si bien en cada lóbulo hay zonas que desempeñan funciones específicas, existe una gran interacción entre ellas. Por ejemplo, si estamos haciendo *trekking* en una montaña, los movimientos que haremos se definen en el lóbulo frontal, que se ocupa del razonamiento, la planificación de la conducta y la toma de decisiones, incluso del autocontrol emocional.

LOS LÓBULOS CEREBRALES

Lóbulo parietal   Lóbulo frontal

Lóbulo occipital

Cerebelo   Lóbulo temporal

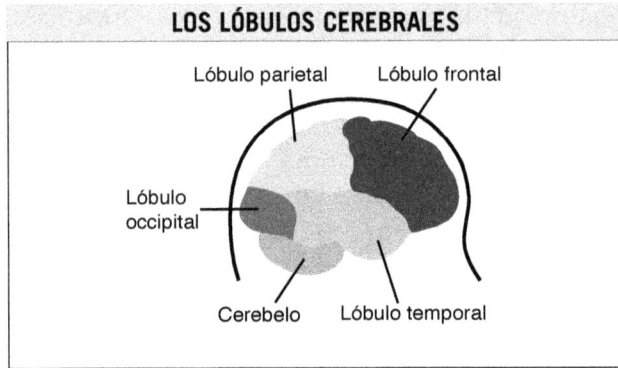

Asimismo, necesitamos la intervención del lóbulo parietal (que además de tener funciones sensitivas y asociativas se ocupa de lo visuoespacial), del lóbulo occipital (para poder ver por dónde nos movemos) y de los lóbulos temporales (para registrar los sonidos del entorno).

Aunque se han delimitado áreas diferenciadas, como las especializadas en recibir y procesar información sensorial que graficamos en el apartado anterior, el cerebro funciona mediante una red de interrelaciones que forman una unidad; por lo tanto, aunque la base biológica que determina las diferentes funciones de la mente tenga una localización específica, como ocurre con el habla y la visión, el cerebro se comporta como un todo unificado.

Recuerde:

- *En los lóbulos cerebrales existen áreas responsables del habla y el lenguaje, áreas que procesan la información que ingresa a través de los canales sensoriales, áreas que permiten mover voluntariamente los músculos para caminar, correr o subir una escalera, y áreas dedicadas a las funciones mentales superiores, como el razonamiento y la vida emocional.*
- *La anatomía cerebral está estrechamente relacionada no solo con el desempeño motriz y neurocognitivo, sino también con la personalidad, las emociones y la conducta.*
- *El cerebro es inseparable de la mente y del cuerpo porque existe una base neurobiológica en las emociones, los sentimientos y el comportamiento social.*

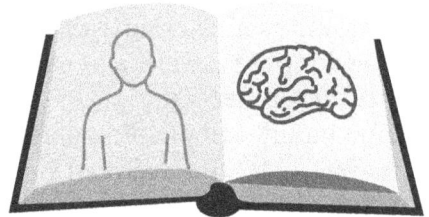

Neurogénesis: la gran esperanza del presente y del futuro

La neurogénesis es el proceso mediante el cual se forman las células que componen el sistema nervioso central (neuronas y células gliales).

Durante la gestación, la velocidad de multiplicación de las células es sorprendente; por ejemplo, se calcula que entre el segundo y el tercer trimestre el cerebro crea aproximadamente 250.000 neuronas por minuto.

Durante la vida adulta, la formación de neuronas nuevas continúa, solo que en un grado mucho menor.

Esta expansión ha sido observada en el hipocampo (una estructura crucial para el aprendizaje y la memoria), el núcleo caudado y el bulbo olfatorio. Algunos especialistas, como Elizabeth Gould (de la Universidad de Princeton), creen que puede producirse en otras zonas del cerebro, como la neocorteza, el estriado, la amígdala y la sustancia negra.

Lo siguiente es muy importante:

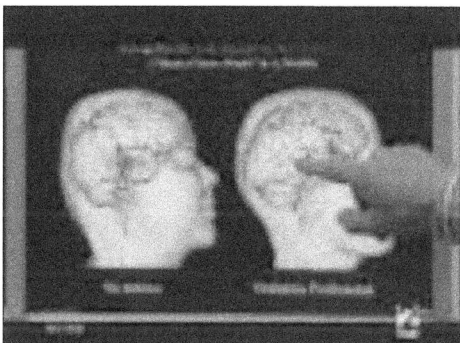

La neurogénesis ha puesto en jaque algunos postulados de las neurociencias.

Por ejemplo, durante mucho tiempo se creyó que los seres humanos nacemos con una determinada cantidad de neuronas y que este número va disminuyendo a medida que el cerebro se deshace de las redes que no utiliza.

Las últimas investigaciones han comprobado que el sistema nervioso sigue generando nuevas neuronas y células gliales a lo largo de la vida, incluso en edades avanzadas (neurogénesis adulta), y que estos procesos (si bien se han observado en algunas zonas del cerebro, no en todas) pueden ser incentivados de manera muy simple, por ejemplo, mediante actividades aeróbicas, una nutrición adecuada y un correcto equilibrio entre las horas de sueño y vigilia (la privación del sueño inhibe la neurogénesis), entre otros factores.

Ejemplos y casos

Durante una investigación realizada por Benedetta Leuner en los Estados Unidos (Instituto de Neurociencia de la Universidad de Princeton) se descubrió que la actividad sexual mejora los niveles de circulación corticoide y, además, provoca un aumento en la cantidad de neuronas en el hipocampo, que es una zona clave en la formación de la memoria y la ubicación espacial.

Si bien esta investigación se realizó en ratones, las conclusiones pueden extrapolarse a los seres humanos; de hecho, que estos animales sean tan utilizados por la neurociencia se debe a que nuestro cerebro tiene muchos rasgos en común con el de ellos.

Por ejemplo, se ha observado que los ratones que producen (mediante ejercicios físicos) mayor cantidad de un neurotransmisor, la serotonina, incrementan la proliferación celular en algunas zonas del hipocampo. Al extrapolar el caso a los seres humanos se observó lo mismo. Varias investigaciones confirmaron que el ejercicio físico favorece la neurogénesis, incluso en edades avanzadas.

Un equipo de investigadores alemanes en el que se destaca Julia Freund (especialista en neuroplasticidad y neurogénesis) llegó a la conclusión, luego de estudiar el comportamiento de ratones genéticamente idénticos durante tres meses, de que las diferencias en la conducta se relacionan con la neurogénesis del hipocampo.

La siguiente es una de las gráficas obtenidas durante el citado estudio:

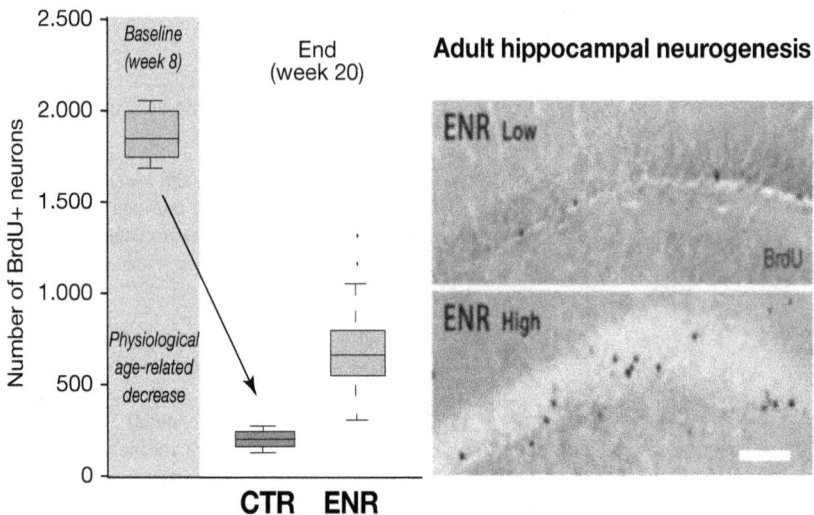

En términos de estos investigadores, **"el medio ambiente esculpe el cerebro"**, y concluyen en que nos convertimos en quienes somos según cómo vivimos nuestra vida (*"The ways in which living our lives makes us who we are"*)[2].

También ha sido observado que, además de neuronas nuevas, el cerebro genera nuevas células gliales. Dado que estas células están comprometidas en el procesamiento de la información (además de actuar como soporte de las neuronas), tienen un rol muy importante en la neuroplasticidad.

---

2. Investigación original en inglés, publicada en la revista *Science*: *http://www.sciencemag.org/content/340/6133/756*

Un grupo de investigadores suecos (Instituto Karolinska de Estocolmo), estudiando el caso en seres humanos, estimó que en el hipocampo se generan aproximadamente 1.400 neuronas nuevas por día, y que este ritmo decrece levemente con la edad[3].

La tasa de neurogénesis (que es similar en hombres y mujeres) es mucho mayor que la que se había estimado hasta el presente. En comparación con lo observado en ratones (que casi siempre son el punto de partida de la mayoría de los experimentos que se extrapolan a nuestra especie), la neurogénesis declina en forma mucho más lenta en los humanos.

A esta misma conclusión se llegó luego de estudiar cerebros de personas que tenían hasta 92 años de edad.

En síntesis:

- La neurogenésis y la plasticidad tienen un rol fundamental en el desarrollo cerebral.
- No solo las conexiones entre neuronas están modificándose constantemente según cómo utilicemos el cerebro (neuroplasticidad); muchas actividades favorecen la generación de nuevas neuronas (neurogénesis).
- El conocimiento profundo de ambos fenómenos favorece el diseño de herramientas que permiten a los seres humanos tomar el control de sus procesos neuronales.

Todos podemos hacerlo

Las últimas investigaciones aportan información sumamente valiosa no solo para tener un cerebro sano, ágil y activo, sino también para que los seres humanos podamos autoliderar nuestro propio desarrollo.

En principio, le propongo que recuerde, que "fije" lo siguiente:

NEUROGÉNESIS

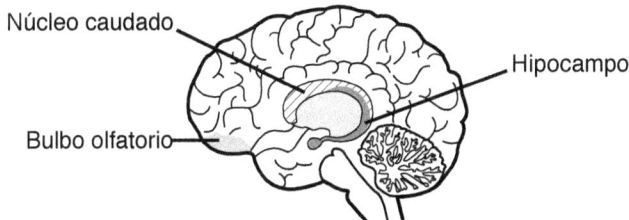

Núcleo caudado

Hipocampo

Bulbo olfatorio

Principales áreas del cerebro en las que ha sido observada la generación de nuevas neuronas

Todas las personas sanas están en condiciones de autoliderar no solo la calidad de funcionamiento de su cerebro, haciéndolo más ágil, más veloz, más inteligente.

También pueden liderar su morfología, favoreciendo el desarrollo de procesos de neurogénesis y promoviendo, a su vez, el establecimiento de más y mejores conexiones entre neuronas.

3. *http://www.abc.es/ciencia/20130606/abci-neuronas-nacimiento-adulto-201306060322.html*

A continuación hallará 10 *tips* que lo ayudarán a alcanzar este objetivo; todos ellos están avalados por investigaciones científicas cuyo desarrollo haría demasiado extenso este capítulo. Si desea profundizar sobre el tema puede leer mi libro *Cómo funciona tu cerebro*, publicado por Editorial Planeta (España, 2013), en el que encontrará varias pistas no solo para desarrollar sus capacidades, sino también para obtener una mejor calidad de vida.

Neuroplasticidad y neurogénesis

10 *TIPS* PARA TENER UN CEREBRO SANO, ACTIVO Y AUTOLIDERAR SU PROPIO PERFECCIONAMIENTO[4]

1. Practicar deportes o actividades aeróbicas. Sus efectos positivos para el cerebro, tanto en neuroplasticidad como en neurogénesis, han sido corroborados por numerosas investigaciones.
2. Seleccionar los alimentos que son buenos para el cerebro y comer menos cantidad (con ayuda de un especialista en nutrición).
3. Revisar los hábitos cotidianos: dormir bien y descansar. Evitar por completo el cigarrillo y las drogas, consumir alcohol moderadamente.
4. Viajar, conocer nuevos lugares y personas.
5. Evitar la rutina: ir del trabajo a casa y de casa al trabajo es dañino para el cerebro. La diversidad favorece la neuroplasticidad.
6. Incorporar el *gimnasio cerebral*: el desarrollo neurocognitivo y emocional está al alcance de todos.
7. Disminuir el estrés. Realizar los cambios necesarios para evitar situaciones estresantes o minimizar sus efectos.
8. Vivir acompañado, ampliar las relaciones sociales y evitar las relaciones interpersonales tóxicas.
9. Aprender cosas nuevas en todas las etapas de nuestra existencia.
10. Reírse, disfrutar de las pequeñas cosas. Otorgarle a la diversión y el placer el lugar que merecen en la vida.

---

4. Todos estos *tips* son importantes, el orden en que los he escrito es simplemente enunciativo.

Capítulo 2

Autoliderazgo emocional

Cómo las neurociencias nos ayudan a superar los conflictos y el estrés

Acceda al video mediante este QR o en https://youtu.be/dB142adfOJY

Temas destacados

1. Las emociones se generan en el cerebro, en un nivel mucho más profundo que los pensamientos conscientes.

2. Las emociones son estados que articulan aspectos neurocognitivos con sensaciones físicas, actúan como filtros en la percepción y son potentes fijadores de la memoria.

3. El autoliderazgo emocional implica reconocer emociones propias y ajenas.

4. La ausencia de liderazgo emocional afecta las funciones ejecutivas del cerebro y daña la salud.

5. Sin emociones no podríamos desarrollar nuestra creatividad, tomar decisiones acertadas y, fundamentalmente, "sobrevivir".

6. Los hallazgos de Joseph LeDoux: vía rápida y vía corta en el neurocircuito de las emociones.

7. Neurociencia contemplativa: el poder de la meditación en el automonitoreo emocional.

8. Gimnasios del cerebro: resignificación, automonitoreo del pensamiento y otras técnicas para desarrollar autoliderazgo emocional.

"Consiguen adivinar lo que siente una persona observando su actividad cerebral"

Las comillas del título de este apartado no son casuales; el estilo tampoco responde al de mis libros.

Transcribí el titular de una de las revistas científicas que recibo, porque introduce y deja en claro lo siguiente:

Las emociones no residen en el corazón, como dicen desde hace siglos los poetas, sino en el cerebro.

Si bien esto no es una novedad para quienes nos nutrimos de los avances de las neurociencias para desarrollar nuevas aplicaciones, resulta sumamente "emocionante"… sí… ¿por qué no decirlo?, enterarnos de que se ha logrado desarrollar un modelo computacional capaz de vincular patrones neuronales con determinados sentimientos[1].

Los artífices de este trabajo extraordinario son científicos de la Universidad Carnegie Mellon, en los Estados Unidos, uno de los países más avanzados del mundo en la aplicación de tecnologías para estudiar el cerebro.

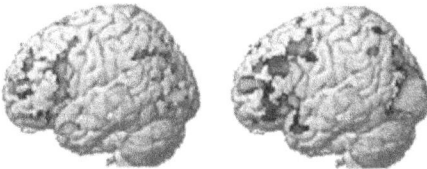

HAPPY   SAD

Patrones de actividad neuronal de felicidad (izquierda) y de tristeza (derecha).

Fuente: *Identifying Emotions on the Basis of Neural Activation* (http://www.plosone.org).

Combinando resonancia magnética funcional por imágenes (fMRI) con un equipamiento capaz de interpretar las señales cerebrales y vincularlas a determinadas emociones, se logró definir si los participantes se sentían alegres, tristes o experimentaban otro tipo de emoción mientras se observaba su actividad cerebral.

También se descubrió que hay sentimientos que dejan huellas distintas, y que estas huellas son muy parecidas entre los seres humanos.

---

1. Si le interesa leer la investigación completa en inglés, puede hacerlo en: *http://www.plosone.org/article/info%3Adoi%2F10.1371%2Fjournal.pone.0066032*

Uno de los aspectos más relevantes de la citada investigación fue desarrollar una técnica que permitiera medir las emociones mientras estas se experimentaban, para lo cual una de las etapas de la investigación consistió en generarlas en forma natural al hacer que los participantes observaran imágenes que desencadenaban diferentes sentimientos.

Se comprobó que era posible identificar con un alto grado de exactitud lo que iban sintiendo, y que las denominadas "huellas emocionales" no se generan en regiones específicas del cerebro, como la amígdala (una estructura sin la cual no podríamos experimentar, por ejemplo, el miedo), sino que se expresan en patrones que recorren, además, otras regiones.

La conclusión de esta investigación es que existen tres factores principales de organización de las huellas neuronales de la emoción (lo traduzco textualmente): **"el valor positivo o negativo de los sentimientos; la intensidad de los sentimientos; el componente social de los sentimientos"**; y que, a nivel neuronal, los humanos codificamos cada emoción de manera similar.

Aplicaciones

Las aplicaciones de estos avances en otras disciplinas son extraordinarias. Por ejemplo:

- Las empresas podrán obtener información mucho más confiable sobre los sentimientos que generan las marcas: ¿aceptación?, ¿alegría?, ¿indiferencia?, ¿rechazo? Esto mismo puede extrapolarse a todas las variables de marketing, como el precio de un producto, los puntos de venta, los pre-tests de las campañas publicitarias, etcétera.
- Será posible saber si las personas están contentas o infelices en su trabajo (dominio de una nueva corriente, denominada espiritualidad en las organizaciones y los negocios), teniendo presente que los seres humanos sabemos poco de nosotros mismos a nivel consciente. La mayor parte de los procesos que determinan nuestro estado de ánimo y nuestras decisiones tienen un origen metaconsciente. Nada mejor que el cerebro para expresarlo.
- La neuropolítica podrá obtener información confiable sobre la imagen de un candidato para diseñar las campañas.
- Los partidos políticos podrán difundir a aquellos candidatos y representantes que generen emociones positivas y pasar a un plano "invisible" a los que pueden convertirse en un lastre.

- La neuroeconomía sumará estos avances a sus estudios sobre la racionalidad del consumidor, un tema que la neurociencia ha puesto en jaque en numerosas oportunidades al demostrar que la mayor parte de las decisiones que tomamos los humanos son emocionales.
- El neuroliderazgo podrá avanzar en el diseño de técnicas para elegir a los mejores candidatos, ya que ha sido demostrado en un sinnúmero de oportunidades que el cociente intelectual no es indicador de un desempeño eficaz, sino que se ponen en juego allí otras capacidades (como la empatía y la seducción) que es necesario medir con métodos más confiables.

En los siguientes apartados profundizaremos sobre otros temas, ya que para comprender las emociones es necesario saber qué son y cómo se generan los neurocircuitos que las producen a nivel cerebral. Para ello recurriremos especialmente a trabajos de neurocientíficos que han dedicado su vida a estudiar los estados neuronales asociados a estos procesos, como Joseph LeDoux, Antonio Damasio y Rodolfo Llinás, entre otros verdaderamente notables.

¿Qué son las emociones? Aprendamos sobre ellas

Uno de los neurocientíficos contemporáneos más brillantes, Rodolfo Llinás, que dedicó gran parte de su vida a entender la relación entre la actividad cerebral y la conciencia, sostiene lo siguiente:

> *Las emociones, al igual que los pensamientos, son estados funcionales del cerebro porque allí se genera nuestro "yo" (la conciencia de nosotros mismos)*[2].

Admito que explicar el amor, la compasión, la culpa o el odio como un "estado funcional del cerebro" puede resultar raro y quizá chocante para algunas personas; sin embargo, la neurociencia lo confirma cotidianamente con sus investigaciones.

En líneas generales, las siguientes son las acepciones más frecuentes que puede hallar en la bibliografía especializada[3]:

---

2. Llinás Rodolfo, R. (2003): *El cerebro y el mito del yo*. Grupo Editorial Norma. Bogotá, Colombia.
3. Véase Braidot, N. (2013): *Cómo funciona tu cerebro*. Editorial Planeta, España. Capítulos 8 y 9.

- Las emociones son estados que articulan aspectos neurocognitivos con sensaciones físicas, actúan como filtros en la percepción y son potentes fijadores de la memoria.
- Sin emociones no podríamos desarrollar nuestra creatividad, tomar decisiones acertadas y, fundamentalmente, "sobrevivir".

Por ejemplo, si estamos en una esquina y se nos viene un coche encima, el cerebro no tiene tiempo para razonar si nos corremos o no, o para qué lado debemos apartarnos; es la zona emocional la que acorta el tiempo de respuesta desencadenando una reacción tan rápida que parece automática. ¿Por qué?

Joseph LeDoux, un experto en el estudio de las emociones como procesos biológicos, halló una explicación anatómica para estos mecanismos[4].

Descubrió que junto a la vía neuronal que va desde el tálamo a la corteza cerebral existe un conjunto de fibras nerviosas que comunica directamente el tálamo con la amígdala, y llegó a la conclusión de que en el cerebro humano hay una especie de atajo que permite que la *amígdala* reciba algunas señales en forma ultrarrápida desde los sentidos.

Si bien las emociones se expresan en patrones que recorren varias regiones del cerebro, la amígdala actúa como principal receptor de los estímulos emocionales: recibe la información desde el tálamo y la dirige hacia la corteza.
Según Joseph LeDoux, las vías neuronales que dirigen la información desde la amígdala hacia la corteza son mucho más ricas en cantidad de neuronas que las que actúan en sentido contrario (tienen aproximadamente diez veces más).
Ello puede explicar por qué la influencia de las emociones en las funciones ejecutivas del cerebro es tan importante.

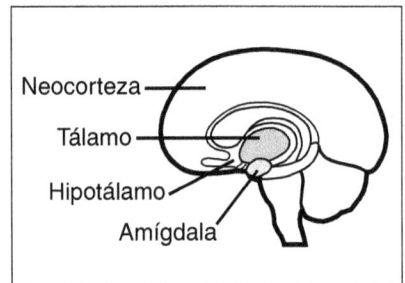

Neocorteza
Tálamo
Hipotálamo
Amígdala

Así, un estímulo sensorial (por ejemplo, el rugido de un tigre) se divide en dos impulsos que recorren caminos diferentes luego de llegar al tálamo.

El primero, al que denominó *vía rápida*, va por el "atajo" hacia la amígdala, que genera una respuesta automática y casi instantánea: huir, correr. Milésimas de segundo más tarde, la información llega a la corteza cerebral. A este recorrido LeDoux lo denominó *vía lenta*.

---

4. LeDoux, Joseph (1996): *The Emotional Brain*. New York, Simon and Shuster. Junto a otros investigadores, LeDoux demostró que en el cerebro existen vías neuronales que transmiten información sensorial desde el tálamo a la amígdala, sin intervención de la corteza. Esto constituye una evidencia de que existe un procesamiento de las emociones que es previo a la conciencia que la persona tiene sobre ellas.

En el primer caso (vía rápida) actuamos prácticamente por instinto; en el segundo (vía lenta) se activa la conciencia.

Esto significa que, ante una situación de peligro (LeDoux hizo muchas investigaciones sobre el miedo), es la amígdala la que genera la primera reacción y no la neocorteza (donde residen las funciones cognitivas más importantes, como el pensamiento).

Como vemos, las emociones involucran no solo aspectos cognitivos (en los que interviene la corteza), sino también, y fundamentalmente, fisiológicos y conductuales. Por ello, si se aparece de repente un perro enorme o un coche se nos viene encima, aun cuando el daño haya sido nulo o mucho menor que el susto, la angustia que nos provoca ese hecho se "archivará" en la memoria con un estado orgánico asociado.

Este estado puede implicar la creación de un patrón de respuesta, tanto fisiológica como conductual, que puede dar origen a un **marcador somático**, afectando las decisiones futuras en forma no consciente.

También puede ocurrir que los tiempos de reacción tan rápidos de la amígdala nos jueguen una mala pasada, ya que involucran reacciones primitivas, poco elaboradas, como gritar o pegar.

Estas reacciones normalmente traen problemas, sobre todo en ámbitos familiares o de trabajo, ya que las decisiones basadas únicamente en respuestas emocionales (reactivas), sin participación de los mecanismos cerebrales superiores, como el razonamiento, pueden llevarnos a hacer cosas de las cuales nos arrepentiremos.

Recuerde:

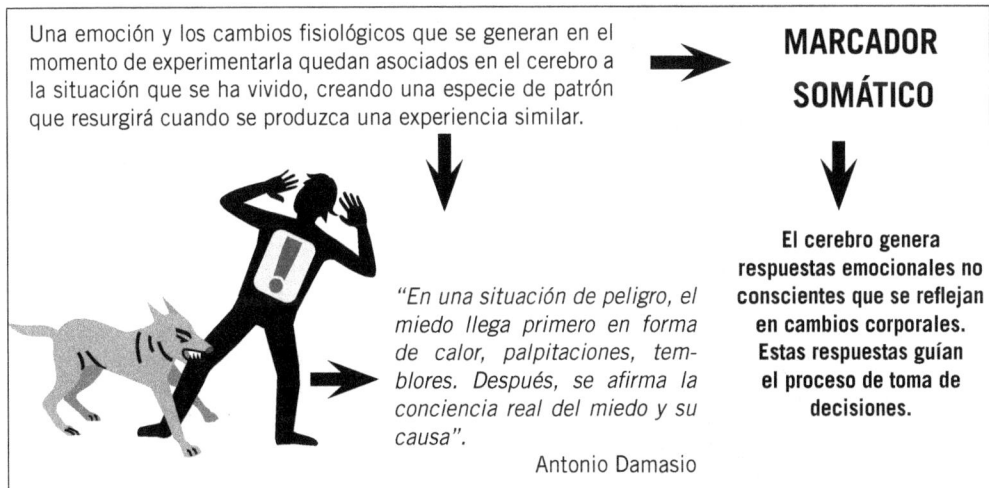

Una emoción y los cambios fisiológicos que se generan en el momento de experimentarla quedan asociados en el cerebro a la situación que se ha vivido, creando una especie de patrón que resurgirá cuando se produzca una experiencia similar.

MARCADOR SOMÁTICO

"En una situación de peligro, el miedo llega primero en forma de calor, palpitaciones, temblores. Después, se afirma la conciencia real del miedo y su causa".

Antonio Damasio

El cerebro genera respuestas emocionales no conscientes que se reflejan en cambios corporales. Estas respuestas guían el proceso de toma de decisiones.

La importancia del autoliderazgo emocional

Además de dañarnos físicamente, la ausencia de liderazgo emocional conspira contra nuestro rendimiento debido a que afecta las funciones ejecutivas del cerebro, que son las que necesitamos para resolver problemas de diferente complejidad y tomar decisiones acertadamente.

Es suficiente observar a nuestro alrededor –pareja, amigos, compañeros de trabajo, incluso a nosotros mismos– para ver con claridad que hay personas más proclives que otras a desestabilizarse emocionalmente.

Algunas lo hacen ante problemas muy importantes, como los actuales "terremotos" que provoca una crisis económica que no termina de resolverse.

Otras suelen estar a los gritos por temas cotidianos que, si bien debemos reconocer que son irritantes, como un embotellamiento de tránsito que nos impide llegar a tiempo a un lugar o un ordenador que se cuelga varias veces justo el día que debemos entregar un informe, lo cierto es que no tienen potencial para provocar daños importantes en nuestra vida.

Lo relevante es que cualquier hecho que nos desequilibre emocionalmente actúa en un doble sentido.

Por un lado, afecta las funciones ejecutivas del cerebro, lo cual seguramente nos hará menos productivos en las actividades que desempeñemos (desde las que forman parte de nuestro trabajo hasta conducir el coche). Por el otro, puede dañarnos físicamente comprometiendo nuestra salud.

Con independencia de si el problema es o no "para tanto", un estado de miedo, furia, odio o desesperación pone en funcionamiento algunas estructuras del tronco encefálico que conforman el cerebro reptiliano (llevándonos a actuar en forma "primitiva"), así como también la amígdala y el hipotálamo, que son núcleos centrales del cerebro límbico responsables del procesamiento emocional de los estímulos.

Cuando no existe autoliderazgo emocional,
nuestra parte "pensante"
queda directamente bloqueada.

Tenga muy presente lo siguiente:

Las personas proclives al mal humor, así como las que se desestabilizan ante una situación que provoque pequeños cambios, no pueden pensar con claridad y es común que tarden mucho o se arrepientan luego de haber tomado una decisión.

Automonitorear las emociones ayuda a decidir mejor y más rápido, y también mejora la calidad de vida.

Además de traernos problemas intelectuales, laborales y sociales, y de impedirnos tomar decisiones con claridad, la ausencia de liderazgo emocional también puede afectar nuestra salud.

Algunas personas comienzan con problemas que son controlables, como la gastritis o la caída del cabello (observe el lector que la publicidad sobre antiácidos estomacales o productos para controlar la alopecía aumentó en los últimos años), mientras que otras pueden enfermar seriamente, desde engordar sin freno hasta perder la vida por afecciones cardiovasculares.

Esto último puede parecer exagerado; sin embargo, la caída de las bolsas de valores (tanto en 2011 como en crisis anteriores) ha provocado paros cardíacos en algunas personas y hay hinchas de fútbol que han muerto porque sus organismos no resistieron la angustia desmedida a la que fueron sometidos durante un partido[5].

Afortunadamente, estos casos son excepcionales; sin embargo, los reportes sobre el incremento de consultas médicas por estrés desde que comenzó la crisis económica mundial[6] constituyen una señal de alarma a la que debemos prestar la debida atención.

En cualquier caso, sea real o potencial el devenir de los acontecimientos, lo cierto es que "cuando nos tomamos las cosas a pecho" una situación de amenaza percibida dispara una serie de respuestas fisiológicas que, seamos conscientes o no de ello, impactarán sobre nuestro desempeño.

Asimismo, y lo que puede ser más grave, provoca un deterioro de nuestras relaciones, tanto en las del entorno más cercano (pareja, amigos, hijos) como con nuestros compañeros de trabajo y demás personas con las que interactuamos cotidianamente.

---

5. *http://espanol.upi.com/Deportes/2011/06/18/Ftbol-argentino-Muerte-hincha-de-River-de-paro-cardaco/ UPI-60731308437098/*

6. *http://www.levante-emv.com/ciencia-salud/2009/03/24/crisis-economica-provoca-aumento-enfermedades-derivadas-estres/570218.html*

Técnicas de avanzada para lograr autoliderazgo emocional

A medida que avanzan las neurociencias, mejoran las herramientas que se van diseñando para que podamos lograr un adecuado autoliderazgo emocional.

Asimismo, los estudios realizados con escáneres cerebrales en personas que practican técnicas milenarias como la meditación han convalidado su enorme eficacia, no solamente para disminuir el estrés y vivir en mayor armonía, sino también para modelar el cerebro.

En la actualidad se utilizan ejercicios mentales cuya práctica se remonta a aproximadamente 1.500 años a.C. (caso de la meditación), junto con otros que se van desarrollando a medida que avanzan las neurociencias.

El autoliderazgo emocional implica reconocer no solo las emociones propias, sino también las que pueden estar experimentando los demás.

En algunas ocasiones, ello exige focalizar la atención en el otro más que en nosotros mismos.

Un estudio controlado sobre los efectos de la meditación en el cerebro y la función inmune, realizado en los Estados Unidos, arrojó, entre otros, los siguientes resultados:

- **En comparación con los integrantes del grupo de control, en los meditadores se verificó un aumento significativo de la activación de la zona frontal izquierda asociada con las emociones positivas.**
- **Luego de que se les aplicara la vacuna contra la influenza, se registró un aumento más significativo de anticuerpos entre los sujetos que habían meditado, en comparación con los integrantes del grupo de control.**

La investigación abarcó 8 semanas y participaron 25 meditadores. En cada práctica se midió la actividad eléctrica del cerebro antes e inmediatamente después de meditar. Estos hallazgos contribuyen a confirmar que la meditación puede cambiar la función cerebral y el sistema inmune de manera positiva.

Fuente: Davidson, Richard et al. (2003). "Alterations in Brain and Immune Function Produced by Mindfulness Meditation", Psychosomatic Medicine 65:564-570.

Neurociencia contemplativa: el poder de la meditación

Día a día se publican experimentos que confirman la eficacia de la meditación para crear y fortalecer neurocircuitos cerebrales asociados a emociones positivas y desactivar aquellos que, por su naturaleza negativa, condicionan nuestro pensamiento y nuestra conducta de modo desfavorable.

Una de las universidades pioneras en estas investigaciones es la de Wisconsin, en los Estados Unidos, donde se realizaron varios experimentos con monjes budistas utilizando fMRI (resonancia magnética funcional por imágenes) para analizar los cambios que se iban produciendo en el cerebro durante sus prácticas de meditación.

Entre estos efectos –por cierto, muy positivos– se encuentra el fortalecimiento de los neurocircuitos de la concentración y la empatía, lo cual influye en un mejor rendimiento de las funciones ejecutivas (en el primer caso) y en el establecimiento de mejores vínculos familiares y sociales (en el segundo).

Asimismo, una de las técnicas, denominada *Lojong,* ayuda a reducir el nivel de estrés y, consecuentemente, a mejorar la respuesta del sistema inmunológico del organismo.

En lo personal, recuerdo haber comprobado los beneficios psicológicos de la meditación cuando pude estar entre bambalinas durante una competencia internacional de piano. Me llamó la atención el tiempo que una participante oriental le dedicaba solo a mirar una fotografía.

Según me explicó una experta, ninguna pieza puede tocarse bien si a la fuerza emotiva no se le suma habilidad técnica y **capacidad de concentración**. Se entiende entonces la elección de la concertista, ya que la eficacia de la técnica que utiliza ha sido corroborada científicamente por varias investigaciones:

- *Apenas comenzaron los desarrollos de la denominada "década del cerebro" se observó que la zona responsable de la atención estaba sumamente activa durante prácticas de meditación mientras que otras, como los lóbulos parietales (involucrados en la integración de información sensomotora, entre otras actividades) permanecían con poca o nula actividad.*

- *Durante un experimento conjunto del Massachusetts General Hospital (Estados Unidos) y la Universidad de Giessen (Alemania) se observó que la meditación provocaba cambios positivos en el cerebro que podían medirse. Estos cambios se manifestaron en una mejora de la atención, la memoria, la empatía y la autoconciencia[7]. También se observó una reducción en el nivel de estrés, lo cual se reflejó en la disminución de la densidad de materia gris en la amígdala, que tiene un rol fundamental en el registro emocional del miedo y la ansiedad.*

---

7. En esta investigación participaron 16 personas que meditaron 27 minutos diarios durante dos meses.

- *Ha sido demostrado que la meditación sostenida en el tiempo retrasa el enve-jecimiento y determina un incremento en el grosor del cerebro, principalmente en áreas relacionadas con los procesos sensoriales y de atención. También se observaron modificaciones en la corteza prefrontal, la amígdala y la ínsula.*

❖ **Recuerde:**

MEDITAR LO AYUDARÁ A AUTOLIDERAR SUS EMOCIONES

- La meditación engrosa la corteza cerebral en las zonas vinculadas a la atención y la integración emocional.
- Disminuye la densidad de materia gris en la amígdala: reduce el estrés y la ansiedad.
- Aumenta la densidad de materia gris en el hipocampo: mejora el aprendizaje y la memoria.
- Aumenta la velocidad en el procesamiento de información.
- Reduce el estrés y mejora el sistema inmunológico.

EVITA EL BLOQUEO DE LAS FUNCIONES EJECUTIVAS DEL CEREBRO

Gimnasios del cerebro: técnicas de avanzada para desarrollar autoliderazgo emocional

Los gimnasios cerebrales proporcionan técnicas de avanzada para lograr autoliderazgo emocional.

Mediante un diseño a medida de las necesidades de cada participante, se trabaja para que logren reconocer sus propias emociones y las de los demás, en particular, los contrastes en sus estados de ánimo, temperamento, motivaciones e intenciones.

El auge de los gimnasios cerebrales en las ciudades más importantes del mundo refleja el interés de una gran cantidad de personas en mejorar su rendimiento neurocognitivo y emocional.

Ahora bien, tal auge no existiría si no tuviera como contrapartida beneficios observables que se van transmitiendo tanto en forma personal como a través de las redes sociales.

Asimismo, y complementariamente, las publicaciones científicas sobre la efectividad de los gimnasios cerebrales están al alcance de todos, ya que se pueden hallar en revistas especializadas en neurociencias, libros y trabajos de especialistas que se publican en Internet.

Tenga presente lo siguiente:

- *Todas las herramientas diseñadas en los gimnasios cerebrales funcionan en forma acorde a la modalidad de trabajo del cerebro.*
- *El objetivo de las prácticas es activar-reforzar determinados neurocircuitos y, paralelamente, inhibir otros que son considerados nocivos, como los de la ira y el odio.*
- *Ninguna práctica apunta a reprimir emociones, sino todo lo contrario.*

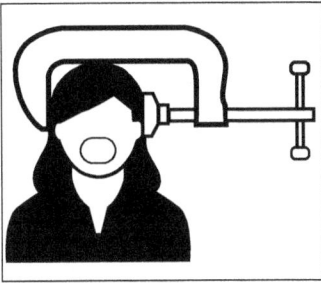

Liderar las emociones no significa reprimirlas.

Significa dejarlas fluir, aprender a reconocerlas y automonitorearlas, dirigiéndolas en la dirección que deseamos o resulta más conveniente para nosotros mismos y quienes forman parte de nuestro entorno.

Es sabido que algunas personas tienen una gran facilidad para pensar en forma positiva: normalmente se levantan con una sonrisa, disfrutan del hecho de estar vivas, de tocar, mirar, sentir, hacer, y que otras comienzan el día abrumadas por la angustia o el mal humor, y tienen grandes dificultades para reír y ver los aspectos positivos de las situaciones que viven.

Las primeras encontrarán en los gimnasios cerebrales un conjunto de técnicas que les serán muy útiles para superarse.

Las segundas deben comenzar *ya* su entrenamiento, teniendo presente que autoliderar las emociones no significa reprimirlas, sino incorporar técnicas para automonitorearlas en pos de una mejor calidad de vida y, a su vez, de un mayor desarrollo de sus capacidades cerebrales.

Resignificación y automonitoreo de emociones

Tal como vimos en los apartados precedentes, las emociones actúan como una especie de sistema que nos informa sobre diferentes aspectos de la realidad otorgándoles una carga afectiva con repercusiones fisiológicas. Por ello, cada vez que recordamos un evento importante la emoción vuelve a emplazarse en la mente y en el cuerpo, priorizando determinadas respuestas frente a distintos estímulos.

Asimismo, cada vez que decimos que la alegría de una persona nos contagia o, a la inversa, que el mal humor de nuestro vecino nos afecta cada vez que necesitamos tratar con él, lo que estamos haciendo es reconocer el enorme poder que tienen sobre nosotros no solo nuestras emociones, sino también las de los demás.

Afortunadamente, los seres humanos podemos automonitorear nuestras emociones mediante procesos voluntarios. Cualquier persona que piense, por ejemplo, en su niño, experimentará un estado de amor, felicidad, placer, que es resultado de una actividad cognitiva consciente.

Si ejercita este pensamiento, ello repercutirá favorablemente en su estado de ánimo y, consecuentemente, en todo lo que decida y haga durante el día.

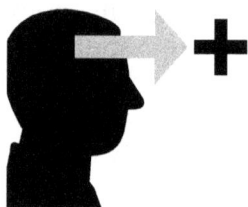

Como el cerebro también cambia su estructura a través del pensamiento, el esfuerzo para dirigir la mente hacia acontecimientos positivos vale la pena.

Los ejercicios mentales han mejorado las capacidades y "la vida" de muchas personas.

Se ha comprobado que ante una sensación de placer el organismo libera endorfinas que, en esencia, son moléculas que actúan como un analgésico natural (producen un efecto sedante sobre el cuerpo y revitalizan el sistema inmunológico).

A la inversa, si una persona sucumbe ante situaciones que le provocan angustia, ansiedad o mal humor, probablemente aumente el flujo de sangre en su corteza prefrontal.

También hay investigaciones que demuestran que la fatiga mental reduce la actividad del cíngulo anterior, que es un área fundamental en la motivación y la iniciativa, además de cambios fisiológicos en otras partes del cuerpo.

Si esta zona está ocupada en el procesamiento de emociones negativas, no podemos pensar y, mucho menos, decidir con la claridad que necesitamos.

Afortunadamente, hoy sabemos que el cerebro tiene la capacidad de modificarse a sí mismo, y que esto puede lograrse con solo elegir en qué pensar.

Corteza
prefrontal

Amígdala

Hipocampo

La corteza prefrontal (medial y dorsolateral) juega un rol importante en la interacción entre cognición y emoción.

Diversos estudios demostraron que las áreas implicadas en el procesamiento emocional, como la amígdala, disminuyen su actividad durante tareas que requieren demanda atencional y cognitiva (Simpson, 2001).

Inversamente, la corteza prefrontal (cíngulo anterior y dorsolateral) disminuye su actividad durante la inducción de estados emocionales negativos.

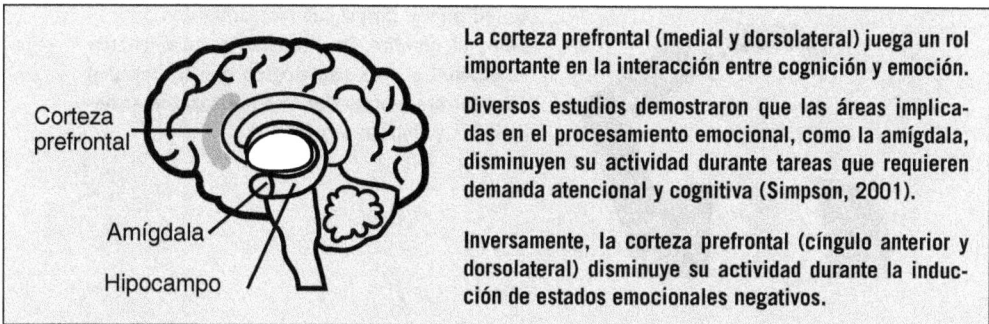

Si usted cierra los ojos y emplaza en su mente una imagen determinada –por ejemplo, una taza amarilla–, y en ese momento se somete a un escaneo mediante fMRI, el monitor revelará que su corteza visual primaria se activa del mismo modo que lo haría si realmente estuviera mirando dicha taza.

Lo mismo sucede cuando lo que emplazamos en la mente es una emoción. Ahora bien, ¿cómo decirle a una persona por naturaleza "amarga" que comience a sonreír y haga de ello un ejercicio cotidiano porque le hace bien a su cerebro y a su vida?

Afortunadamente –subrayamos–, los estados de ánimo pueden generarse con el pensamiento y se han desarrollado varias técnicas de autorregulación emocional que tienden a modificar esos neurocircuitos tan resistentes.

Así, una persona que normalmente se paraliza ante una situación difícil es probable que sea del tipo de las que focalizan primero las dificultades (en la jerga popular, se dice que en vez de ver el vaso medio lleno, lo ve medio vacío).

Como consecuencia, presentan mayor facilidad para generar pensamientos negativos, activando el córtex derecho del cerebro, lo que favorece el surgimiento de estrés, depresión, ansiedad y otras enfermedades físicas derivadas de estos estados, como las típicas migrañas, los problemas digestivos y las úlceras.

En cambio, aquellas que enfrentan los momentos difíciles como un desafío –por ejemplo, las que continúan estudiando a lo largo de su vida–, afrontan de mejor manera el estrés (por caso, de los exámenes), se animan a cambiar de trabajo si eso les plantea la posibilidad de una mejora, y están atentas a las nuevas las oportunidades son personas que ejercitan el córtex izquierdo. Con esta práctica optimista siempre obtienen mejores resultados, entre otros motivos porque la concentración cognitiva las hace menos dependientes de sus circunstancias emocionales.

Usted puede dirigir sus pensamientos para liberar al cerebro de situaciones de desborde emocional o caos psicológico que le impiden concentrarse, aprender, memorizar, tomar decisiones y vivir en armonía.

Por lo tanto, el secreto para el automonitoreo emocional consiste en trabajar sistemáticamente para debilitar los "músculos" de los pensamientos asociados a emociones negativas y ejercitar los otros.

❖ **Recuerde**:

Los neurocircuitos que usted crea con sus pensamientos pueden conducirlo tanto al éxito como al fracaso.

- Los gimnasios cerebrales proporcionan varias técnicas para modificar los resistentes neurocircuitos del pensamiento negativo.
- Estas técnicas se basan en el procesamiento cerebral de las emociones.
- Las más importantes apuntan a activar estructuras encargadas de inhibir y modular estados emocionales comandados por otras, entre ellas, la amígdala.

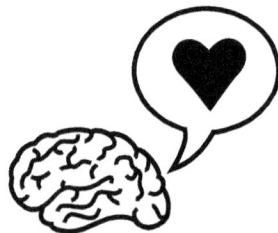

Capítulo 3

Cómo desarrollar y potenciar nuestras capacidades

El secreto de la inteligencia y la intuición

Acceda al video mediante este QR o en https://youtu.be/i5Ay4XiWzfk

Temas destacados •

1. ¿Por qué hay personas más inteligentes que otras?

2. Los factores genéticos influyen en la inteligencia, pero no la determinan.

3. Los factores que intervienen en el desarrollo de la inteligencia son principalmente genéticos, epigenéticos, emocionales, medioambientales y anatómicos.

4. La inteligencia es una función activa de la mente, es estimulable y puede desarrollarse.

5. Para potenciar la inteligencia, hoy contamos con técnicas cuya efectividad ha sido comprobada científicamente.

¿Qué es la inteligencia?

Una de las discusiones interdisciplinarias más interesantes sobre el tema de la inteligencia se refiere nada menos que a su conceptualización. ¿Qué es la inteligencia?[1] Se presentan más de dos docenas de definiciones elaboradas por expertos de diferentes campos.

Prácticamente ninguno de ellos pone en duda la existencia de un correlato neurofisiológico y emocional en la actividad intelectual; y la visión contextualizada de la inteligencia, que considera que los factores culturales, sociales y emocionales tienen gran influencia en su desarrollo, es ampliamente compartida.

Actualmente se aspira a responder muchas de las preguntas que continúan abiertas sobre el tema, y hay grandes expectativas relacionadas con algunos descubrimientos que revelan la posibilidad de mejorar la plataforma neurobiológica en la que se asienta (en parte) la inteligencia.

Por ejemplo:

La inteligencia es una función activa de la mente, es estimulable y puede desarrollarse.

Además de las habilidades intelectuales necesarias para razonar, resolver problemas, crear y adaptarse al medio ambiente, la inteligencia también se mide por la capacidad para comprender las propias emociones, interpretar los sentimientos de los demás y manejar empáticamente las relaciones interpersonales.

- En el MIT se descubrió que las neuronas adultas también se regeneran[2].
- En el CNRS (laboratorio de neurobiología del aprendizaje, la memoria y la comunicación) de la Universidad Paris Sud, en Francia, se descubrió que es posible inducir la plasticidad sináptica en el hipocampo, aumentando la producción de nuevas neuronas, y potenciar de este modo las capacidades de memoria y aprendizaje[3], que son imprescindibles para un funcionamiento pleno de la inteligencia.
- En universidades y centros especializados de varios países se comprobó que la actividad física aeróbica aumenta el tamaño del hipocampo

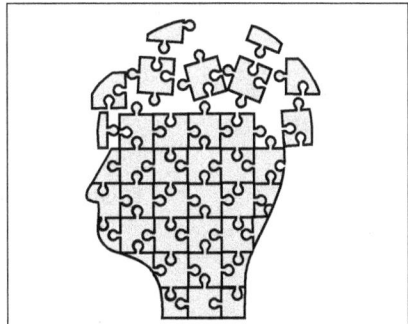

1. Sternberg, R.J. y Detterman, D.K. (1988): *¿Qué es la inteligencia?* Edit. Pirámide, Madrid.
2. Mediante una nueva tecnología, que permite obtener imágenes tridimensionales y en tiempo real de la actividad cerebral de ratones vivos, los científicos del MIT han conseguido la primera reconstrucción completa de neuronas en la corteza adulta.
3. *http://www.tendencias21.net/El-cerebro-adulto-puede-generar-nuevas-neuronas_a1033.html*

y mejora notablemente la memoria. Ello conduce a un incremento en la velocidad de procesamiento de la información, que es un insumo clave de la inteligencia.

Actividades aeróbicas	Un 2% más de volumen cerebral
Investigación 1 año	120 personas de más de 55 años, sedentarias divididas en dos grupos. **El grupo 1 realizó actividades aeróbicas 40 minutos al día, tres veces por semana.** El grupo 2 solo realizó ejercicios tonificantes. A todos se les realizó una resonancia magnética antes y después de la investigación. Todos fueron evaluados mediante tests neurocognitivos tres veces.
Variaciones en el hipocampo	**En el grupo 1 se observó un aumento del volumen del hipocampo izquierdo y derecho del 2,12% y 1,97% respectivamente.** En el grupo 2 se observó una disminución del hipocampo (entre el 1,40% y 1,43%).
Otros resultados	**Los participantes del grupo 1 mejoraron la memoria.** Se evaluaron biomarcadores asociados con la salud cerebral, como el BDNF*: **los niveles en sangre aumentaron significativamente en quienes caminaron tres veces por semana.**

* BDNF: Factor neurotrófico derivado del cerebro.
Proceedings of the National Academy of Science.
Fuente: *http://www.elmundo.es/elmundosalud/2011/01/31/neurociencia/1296469235 html*

Hay muchas evidencias de que con trabajos simples y sencillos, siempre que sean sistemáticos y organizados, podemos desarrollar inteligencia e incluso llegar a un estadio superior de la misma, la inteligencia intuitiva. Por ejemplo:

En los gimnasios cerebrales, las técnicas de desarrollo de inteligencia no focalizan solamente en aspectos intelectuales.

Además de trabajar para mejorar el desempeño de las funciones ejecutivas del cerebro (de las cuales depende la inteligencia cognitiva) también se implementan planes de nutrición de avanzada y actividades destinadas a evitar que un inadecuado manejo emocional lentifique el procesamiento de la información e impida razonar (desarrollo de autoliderazgo emocional).

Coincidencias y discrepancias: ¿inteligencia unitaria o múltiples inteligencias?

Las ideas sobre la inteligencia son muchas y proceden de una diversidad de corrientes de pensamiento. La mayoría de los modelos que se han elaborado para analizarla concluyen, en general, en una especie de dicotomía.

Hay quienes opinan que la inteligencia tiene una estructura unitaria, es decir, que existe una sola inteligencia general, y quienes sostienen que no existe una, sino múltiples inteligencias, es decir, que contamos con varias facultades intelectuales que son relativamente independientes y se pueden modificar o desarrollar mediante estímulos adecuados. Si quiere conocer mi opinión, le anticipo que coincido plenamente con esta reflexión de Unamuno:

El ajedrez procura una suerte de inteligencia que sirve únicamente para jugar al ajedrez.

Miguel de Unamuno

La inteligencia no es lo que miden los clásicos tests de coeficiente intelectual y, más aún, una persona inteligente no es simplemente alguien que maneja un vocabulario con fluidez, comprende rápidamente lo que lee, resuelve problemas de cálculo con habilidad y toma las decisiones correctas. Es mucho más que eso.

Una persona inteligente:

- Tiene sensibilidad para captar lo que ocurre "emocionalmente" en su interior y a su alrededor.
- Tiene flexibilidad para comprender y aceptar el punto de vista de los demás.
- Es creativa.
- Cuenta con capacidad para enriquecer su propia vida mediante nuevas experiencias, la ruptura de la rutina y el desarrollo de habilidades intelectuales e interpersonales.
- Se destaca por la rapidez para identificar las relaciones entre los hechos y tomar decisiones exitosas.

¿De qué depende la inteligencia? ¿Por qué hay personas más inteligentes que otras?

La inteligencia depende de un conjunto de factores que pueden resumirse en los siguientes grupos: factores genéticos, epigenéticos y ambientales, factores relacionados con la anatomía cerebral y factores emocionales (este último tema fue desarrollado ampliamente en el Capítulo 2).

Todos son muy importantes porque ningún ser humano viene al mundo con una inteligencia predeterminada. Debido al fenómeno de la plasticidad neuronal, el cerebro de cada persona cambiará constantemente como resultado de la interacción con el entorno, es decir, de lo que coma, de lo que respire, de lo que sienta, de lo que perciba, de lo que aprenda.

Factores genéticos, epigenéticos y ambientales

• **El debate sobre la herencia**

Un tema que ha encendido numerosos debates es si los atributos que determinan la inteligencia son innatos o pueden desarrollarse a lo largo de la vida, es decir, si la inteligencia es hereditaria, fija e inmutable o es flexible y proclive a desarrollarse. Sin embargo:

Ha sido comprobado que los hijos de padres con inteligencia superior no siempre procrean hijos con el mismo potencial intelectual.

También se comprobó que los hijos de padres con inteligencia por debajo de la media por lo general no procrean hijos con inteligencia subnormal[4].

Esto no significa que no exista un componente genético hereditario que predispone a algunas personas a ser más inteligentes que otras. De hecho, eso también ha sido comprobado.

Por ejemplo, hace muchos años circuló un artículo de Jensen titulado "The differences are reals" donde se decía lo siguiente: "(...) dado que la inteligencia y otras habilidades mentales dependen de la estructura fisiológica del cerebro, y dado que el cerebro, como otros órganos, está sujeto a las in-

---

4. Véase Braidot, N. (2014): *Neuromanagement*, Ediciones Granica, Buenos Aires, Caps. 7 y 8, y *Cómo funciona tu cerebro* (2013), Planeta, Madrid, Cap. 11.

fluencias genéticas, ¿cómo puede dejar de considerarse la obvia probabilidad de la influencia genética en la inteligencia?"[5].

El sentido común nos dice que este razonamiento de Jensen es acertado. Sin embargo, ¿es determinante el factor hereditario? El lector interesado en este tema podrá comprobar que hubo varias investigaciones realizadas con gemelos que fueron dados en adopción y se criaron en distintos lugares, y se comprobó que desarrollaron diferentes niveles de inteligencia. Ello revela lo siguiente:

> Aunque exista un conjunto de atributos hereditarios que son innegables, la inteligencia depende de varios factores y, fundamentalmente, de lo que cada individuo haga para desarrollarla:
>
> - Factores genéticos.
> - Factores epigenéticos.
> - Factores relacionados con el medio ambiente.
> - Factores relacionados con la anatomía cerebral.
> - Factores emocionales.

- **Genética, epigenética y ambioma**

En la actualidad, contamos con uno de los avances más espectaculares que ha tenido la ciencia en la historia de la humanidad: el descubrimiento del ADN, y con una disciplina que se desarrolla a pasos agigantados: la epigenética.

Dado que una molécula de ADN contiene la información genética que pasa de padres a hijos, generación tras generación, luego de su descubrimiento se emprendieron varias investigaciones de avanzada relacionadas con el cerebro. Para comprender de qué se trata, es necesario tener en claro de qué se ocupa cada disciplina:

- *La genética focaliza en la herencia biológica, esto es, en los caracteres hereditarios que se transmiten de generación en generación entre los seres vivos. Su principal objeto de estudio son los genes, que pueden definirse como programas biológicos que regulan el funcionamiento de las células.*
  La epigenética estudia las modificaciones en la expresión de los genes por efecto del medio ambiente (estas modificaciones pueden ser heredadas).
  Por ejemplo, un productor agropecuario que utilice agroquímicos cancerígenos está expuesto a epimutaciones en su organismo. Es altamente probable que transmita estos cambios a sus hijos, nietos y bisnietos. No variará la secuencia de su ADN, pero sí lo hará la expresión de sus genes (cuanto mayor es la expresión de los genes, mayor es la producción de la proteína que codifican).

---

5. Véase Braidot, N.: *Neuromanagement, op. cit.*, Caps. 7 y 8.

- *El ambioma tiene que ver con **el conjunto de elementos no genéticos que rodean al individuo y que, junto con el genoma, intervienen en su desarrollo** y, a su vez, pueden predisponerlo para contraer una enfermedad determinada.*

Genética, epigenética y ambioma son conceptos que debemos interiorizar para comprender los temas del próximo apartado: la influencia del medio ambiente en el cerebro y, consecuentemente, en el desarrollo de inteligencia.

• El medio ambiente

Más del 70% del cerebro se desarrolla luego del nacimiento, a medida que se van creando las redes neuronales como resultado de la interacción con el medio ambiente.

Si bien, como decíamos en el apartado anterior, hay inscripciones genéticas indiscutibles, este porcentaje de desarrollo posterior al nacimiento no deja lugar a dudas acerca de la importancia del entorno para crear los neurocircuitos en los que se asentará la información que se irá incorporando.

Las franjas etarias también son importantes en el análisis del desarrollo de inteligencia:

- En la niñez, la alimentación adecuada, el afecto, el aire puro, la interacción con los demás y los estímulos cognitivos (naturaleza, juegos didácticos, etc.) son decisivos para el desarrollo de un cerebro sano e inteligente.
- En el caso de los adultos y adultos mayores, estos factores no cambian, los que cambian son los contenidos, ya que un cerebro inteligente depende de una vida saludable, con espacios importantes para actividades al aire libre, enriquecida con estímulos de todo tipo.

LOS FACTORES AMBIENTALES TIENEN UN EFECTO DECISIVO EN EL DESARROLLO CEREBRAL

Un medio ambiente favorable contribuye a la generación de un mayor número de contactos sinápticos y a la conformación de redes ricas y complejas que configuran una plataforma magnífica para el desarrollo de la inteligencia.

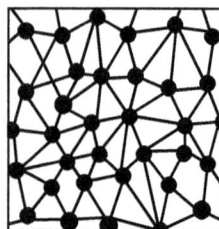

A la inversa, cuando las condiciones ambientales son adversas, el desarrollo del cableado neuronal puede quedar muy afectado, lo que, consecuentemente, afecta la inteligencia.

De lo expuesto hasta aquí se desprende con claridad que, además de lo que traemos en nuestros genes y de las condiciones de desarrollo del cerebro, la inteligencia involucra la capacidad de sortear los inconvenientes que se presenten en cada momento y, fundamentalmente, del diseño que nosotros mismos hagamos de nuestra vida.

Asimismo, e hilando con el apartado anterior, es muy importante tener en cuenta que los cambios en la expresión de los genes están determinados por el medio ambiente y que el ambioma influye en el desarrollo de un organismo a lo largo de toda la vida; por lo tanto, y lógicamente, también lo hace en el cerebro[6].

Cabe destacar que al hablar de ambioma –esto es, de los elementos no genéticos que están presentes en la interacción de una persona con su entorno– no estamos reduciendo el análisis a lo que esté presente en el aire que respiramos o los alimentos que consumimos.

El concepto de ambioma es multidimensional, ya que incluye la vida afectiva, los sentimientos, el ámbito familiar, los lugares de trabajo, los hábitos, etcétera. Todo ello influye poderosamente en el desarrollo cerebral.

Por lo tanto, y en síntesis:

- *Los procesos cognitivos constituyen una especie de componente de base, ya que la inteligencia está determinada no solo por el sustrato biológico, sino también por la alimentación y los contenidos emocionales, sociales y culturales que proceden del medio ambiente.*
- *En la salud y el desarrollo cerebral el ambioma puede ser tan importante como el genoma. Si bien en cada gen hay programas que se van a ejecutar, su activación o desactivación, esto es, su expresión, se realiza en función del entorno.*

❖ **Recuerden:**

- La inteligencia no está predeterminada por los genes.

- Cada ser humano adulto tiene una enorme influencia en el desarrollo de su inteligencia.

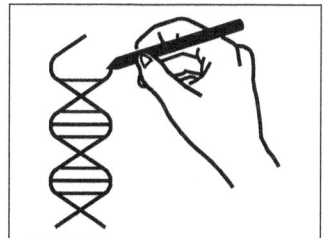

_____

6. Mora, Francisco: "Buscando el ambioma". Artículo publicado en: *http://www.elcultural.es/version_papel/CIENCIA/10623/Buscando_el_ambioma*

Factores relacionados con la anatomía cerebral

La inteligencia no es un fenómeno unitario, por lo tanto, está relacionada con diferentes mecanismos y regiones del cerebro.

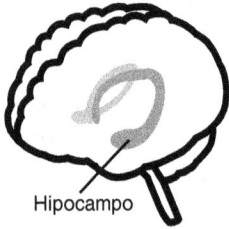

Hipocampo

Si bien la actividad cerebral se caracteriza por la interrelación de sus diversas áreas, hay zonas que se consideran clave para que un individuo pueda realizar una función determinada, como el hipocampo para la formación de las memorias, o el área fusiforme para el reconocimiento de rostros.

Otro ejemplo: si las zonas frontales y parietales de la corteza están lesionadas, se producirá un déficit cognitivo que influirá negativamente en el desempeño de las funciones ejecutivas, imprescindibles para razonar, planificar, descubrir las relaciones entre los hechos y tomar decisiones acertadamente[7].

Esto significa que, aun cuando los factores genéticos, epigenéticos y ambientales sean óptimos, muy poco puede hacerse cuando una persona presenta un daño importante en una región cerebral.

Sobre el involucramiento de las regiones cerebrales en la inteligencia dan cuenta numerosas investigaciones. Veamos algunas de ellas:

- Durante un experimento realizado con individuos sanos y personas que presentaban lesiones cerebrales, se pudo determinar que quienes obtenían mejores resultados en tests destinados a evaluar su inteligencia tenían sanos los sistemas neurales parietales y frontales.
  Se concluyó que un patrón particular de actividad frontal y parietal es fundamental para el desarrollo de la inteligencia en general[8].
  En ambos casos, los participantes realizaron tareas que exigen razonamiento mientras eran observados con fMRI (resonancia magnética funcional por imágenes).
- En 1989 comenzó una investigación sobre una muestra de 307 niños residentes en un barrio de Washington (Bethesda), a quienes les fueron tomando imágenes del cerebro a medida que iban creciendo (durante 17 años)[9].

---

7. Véase Braidot, N.: *Neuromanagement, op. cit.*, Cap. 7.
8. Véase Braidot, N.: *Neuromanagement, op. cit.*, Cap. 7.
9. Esta investigación fue iniciada por Judith Rapoport (Instituto Nacional de Salud Mental, EEUU). Las imágenes fueron analizadas por científicos de la Universidad McGill en Montreal, Canadá, y por especialistas de la Universidad de California, Los Angeles (EEUU).

Se observó que el cerebro de los niños/jóvenes considerados muy inteligentes se desarrollaba con un patrón diferente al de los demás, y que algunas partes de sus lóbulos frontales eran más grandes en comparación con los que tenían habilidades cognitivas promedio. Este proyecto (cuyos resultados se publicaron en la revista *Nature*) fue iniciado por Judith Rapoport, del Instituto Nacional de Salud Mental de los Estados Unidos, con el fin de comprobar un hallazgo previo según el cual ciertas zonas del lóbulo frontal que se ocupan del pensamiento de mayor complejidad son más grandes en las personas más inteligentes.

Se concluyó que el cerebro de los niños con una inteligencia superior es más moldeable o modificable y que, debido a la neuroplasticidad, estas diferencias anatómicas podrían estar originadas en otros factores, como los estímulos intelectuales.

- En 2012, un equipo de neurocientíficos de la Universidad de Washington demostró que es posible reconocer a una persona con inteligencia excepcional observando los niveles de actividad en su corteza prefrontal, y que el tamaño de las conexiones neuronales entre la zona izquierda de la corteza prefrontal lateral y el resto del cerebro determina la inteligencia individual.

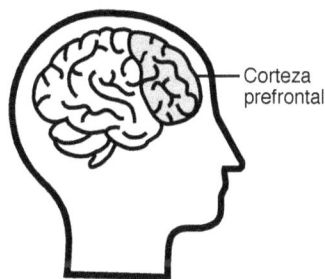

Corteza prefrontal

Cabe destacar que estamos hablando aquí de aspectos cognitivos, es decir, de "una parte" de la inteligencia. Recordemos que el componente emocional es sumamente importante para un correcto desempeño de las funciones ejecutivas, la intuición y la creatividad.

- Durante una de las últimas investigaciones realizadas sobre el cerebro de Einstein se compararon las fotografías que se obtuvieron luego de su muerte con las del cerebro de 85 personas de edades y características físicas similares.

Se observó que, aunque el tamaño y la forma eran normales, el cerebro del científico presentaba diferencias notables en el sistema somatosensorial, la zona prefrontal y las cortezas parietal, temporal, occipital y motora primaria.

Asimismo, en los lóbulos frontales se observaba un número excepcional de pliegues, lo que puede explicar su extraordinaria capacidad para resolver problemas de física (debido a la posibilidad de realizar más conexiones entre neuronas). Esta investigación fue dirigida y publicada por Dean Falk, de Estados Unidos, en la revista *Brain*.

Lo que no se puede saber es si Einstein vino al mundo con estas características o si su cerebro fue moldeado por la neuroplasticidad.

Si bien esta segunda opción es ineludible (no tengo dudas de que el foco de atención en las actividades a las que les dedicó la mayor parte de su vida modificó su cerebro), son válidas las opiniones de algunos especialistas para quienes esta inteligencia extraordinaria es la resultante de ambos tipos de factores, esto es, de los innatos y los adquiridos.

- Las personas con síndrome de sabio (*savants*) son objeto de numerosas investigaciones. Como se puede ver en el apartado destacado

---

LA CONECTIVIDAD NEURONAL
COMO INDICADOR DE INTELIGENCIA

En 2012, el *Journal of Neuroscience* publicó una investigación de la Universidad de Washington, St. Louis, que confirma una vez más el importante rol de la corteza prefrontal en el desempeño de las funciones ejecutivas (coordinación de pensamientos, acciones y metas, y toma de decisiones) y su vinculación con determinados tipos de inteligencia.

La corteza prefrontal

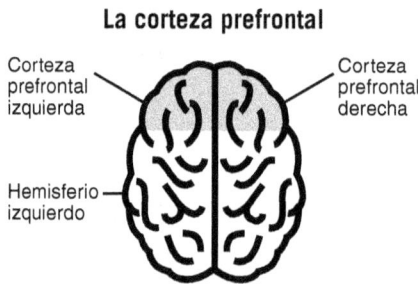

Corteza prefrontal izquierda

Corteza prefrontal derecha

Hemisferio izquierdo

¿Cómo se hizo la investigación?

El cerebro de los participantes fue observado mediante resonancia magnética funcional (fMRI) en dos etapas: mientras descansaban y en momentos en que realizaban tareas que les exigían razonar rápidamente y utilizar el pensamiento abstracto. En este último caso se observó una mayor actividad en la corteza prefrontal izquierda y, paralelamente, niveles más altos de conectividad neuronal.

De esta investigación se desprende claramente que la posibilidad de visualizar la actividad cerebral en esta región permite predecir en qué grado un individuo es más inteligente que otro, debido a que la velocidad de procesamiento de la información (que es uno de los insumos más importantes de la inteligencia) depende de la forma en que la corteza prefrontal se comunica con el resto del cerebro.

sobre autismo y anatomía cerebral de la página siguiente, además de indagar el origen neurofisiológico de las extraordinarias capacidades de estos individuos, se está experimentando con algunas técnicas –entre ellas, la estimulación magnética transcraneal– para estudiar la posibilidad de que una persona normal pueda desarrollar algunas de las extraordinarias habilidades de los *savants*.

* En el Centro para la Mente asociado a la Universidad de Sidney, en Australia, se descubrió que mediante la estimulación magnética transcraneal es posible lograr que algunos individuos con limitaciones intelectuales logren comprender teorías científicas y adquieran conocimientos considerados complejos.

Estas investigaciones tuvieron como punto de partida la curiosidad por el caso de personas autistas que se destacaban por sus talentos específicos. Una de las hipótesis es que cuando una zona del cerebro no desempeña bien sus funciones porque está dañada o inhibida, otra comienza a *soltarse*, a desplegar sus habilidades.

Esto pudo comprobarse: al aplicar la técnica de estimulación transcraneana para desactivar transitoriamente algunas zonas del hemisferio izquierdo (donde están los centros del habla), se observó que el 40% de los participantes adquirió habilidades intelectuales extraordinarias en tan solo quince minutos.

Por todas estas investigaciones queda claro, entonces, que la anatomía cerebral es muy importante para el desarrollo y el desempeño de las funciones cognitivas; de hecho, una persona con un daño en sus lóbulos frontales no puede procesar rápidamente la información para hallar las relaciones entre los hechos, que es una de las manifestaciones de la inteligencia.

En el caso de las personas sanas, las características físicas del cerebro constituyen "una base desde la cual se parte", ya que la inteligencia, subrayo, está determinada no solo por el sustrato biológico, sino también por componentes adquiridos mediante estímulos emocionales, sociales y culturales.

En síntesis:

Si bien el desarrollo cerebral está influido por el medio ambiente, la alimentación, el deporte, el mundo afectivo y el tipo y tiempo de aprendizaje, no hay dudas de que existe una correlación entre la anatomía cerebral y el potencial de inteligencia de cada persona.

AUTISMO Y ANATOMÍA CEREBRAL.
APLICACIONES AL DESARROLLO DE INTELIGENCIA

El autismo es uno de los temas que más interés ha despertado en el estudio de la inteligencia relacionada con la anatomía del cerebro.

Las personas autistas no entienden a otras porque no pueden relacionar sus propios movimientos con los que ven en los demás, no tienen capacidad para atribuir un estado mental o inferir una emoción en otra persona, así como tampoco interpretar el tono de voz o las expresiones faciales, y evitan el contacto visual.

Sin embargo, *muchos individuos con autismo tienen capacidades que no solo sorprenden, también apasionan y desvelan a la ciencia: algunos pueden memorizar una guía telefónica completa, otros desarrollan capacidades artísticas increíbles, y normalmente pueden realizar cálculos matemáticos como lo haría una computadora: en segundos y sin errores.*

Uno de los casos de pacientes autistas estudiados es el de James Hemper Pullen, quien poseía habilidades excepcionales en escultura.

Al investigar la anatomía de su cerebro, se observó un notable desarrollo de las regiones posteriores y una marcada atrofia de los lóbulos temporales y frontales.

¿Recuerda la película *Rain Man*, en la que Dustin Hoffman realizó una de sus más brillantes interpretaciones?

¿Puede evocar la escena en el casino? No es pura ficción; de hecho, la enorme capacidad de algunos autistas con los números siempre ha llamado la atención.

Por ello el autismo ha despertado tanto interés en el estudio de la inteligencia, lo cual ha deparado además algunas sorpresas, dadas sus aplicaciones al desarrollo cerebral de individuos sanos.

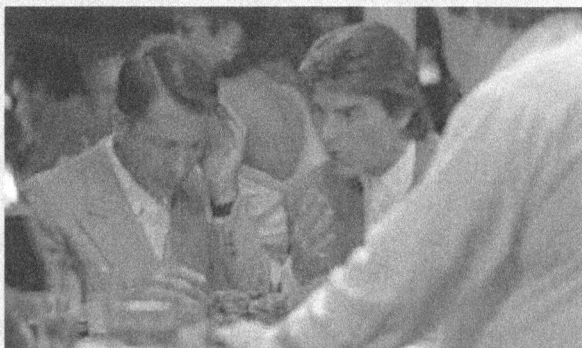

Verdades absolutas y verdades relativas sobre la inteligencia

Para la filosofía existen muchas *verdades,* y estas dependen de factores físicos, psicológicos o culturales que influyen en la construcción que las personas hacen sobre lo real; por lo tanto (y como posición filosófica), el relativismo considera que la verdad está en relación con el sujeto que la experimenta.

Esta concepción es totalmente compatible con lo que en neurociencias se denomina "construcción cerebral de la realidad", ya que cada sujeto ve el mundo en función de lo que percibe e interioriza, y en ello tiene una enorme influencia el entorno.

Partiendo de esta premisa, subrayamos que la inteligencia es un concepto relativo: más allá de lo que llevamos en los genes y lo que se deriva de las condiciones fisiológicas del cerebro, es difícil definirla sin considerar la capacidad de adaptación de una persona a diferentes ambientes, y aquí no me refiero únicamente a la cultura, sino también a la habilidad para sortear los inconvenientes que se presentan en cada momento de la vida.

Analicemos el ejemplo que describo a continuación.

UN ALEMÁN EN GROENLANDIA

Una de las discusiones polémicas sobre la inteligencia se desató luego de una publicación de Richard Lynn (investigador de la Universidad del Ulster, en Irlanda del Norte, autor del libro *Race Differences in Intelligence*) según la cual los alemanes son los europeos más inteligentes. Ello le valió numerosas críticas. Observen qué interesante es una de ellas, elaborada por Eckhard Winderl: "Un alemán podría morirse en Groenlandia, ya que carece de los conocimientos necesarios para diferenciar los treinta tipos de hielo que existen allí, y posiblemente tampoco sabría qué hacer en el África Subsahariana, cuyos habitantes conocen cientos de tipos distintos de nubes y de vientos para pronosticar, por ejemplo, si contarán con agua".

Winderl pone de manifiesto una vez más el tema del relativismo en la inteligencia, ya que cualquier definición, por más abarcativa que sea, termina siendo acotada, debido a que el medio ambiente influye no solo en el desarrollo de las redes neuronales sino también, y fundamentalmente, en el tipo de inteligencia que cada ser humano necesita para sobrevivir.

El tema del relativismo es analizado de una manera muy interesante por Gardner, que aboga por la importancia de adoptar una perspectiva intercultural debido a que, en sus términos, "una misma inteligencia se puede emplear en diferentes culturas con unos sistemas de roles y valores muy distintos".

Como cada cultura ha desarrollado sistemas religiosos, místicos o metafísicos para abordar las cuestiones existenciales, él utiliza el ejemplo de un chamán y de un yogui para explicar que la inteligencia también está relacionada con las competencias sociales requeridas por cada grupo humano.

Al analizar los distintos puntos de vista de Oriente y Occidente, razona que en las sociedades influidas por Confucio se conside-

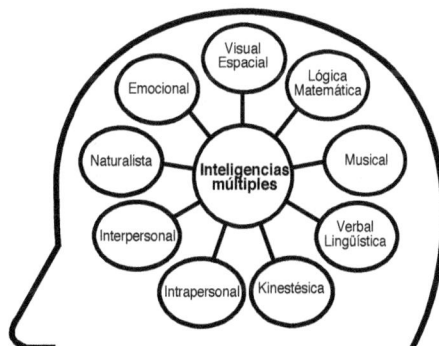

INTELIGENCIAS SEGÚN GARDNER

Visual Espacial
Lógica Matemática
Emocional
Naturalista
Inteligencias múltiples
Musical
Interpersonal
Verbal Lingüística
Intrapersonal
Kinestésica

Aclaración: la ubicación de las diversas clases de inteligencia en diferentes zonas del cerebro es meramente ilustrativa.

ra que las diferencias en las capacidades intelectuales no son muy grandes y que el rendimiento de las personas se explica básicamente por su esfuerzo.

En Occidente, continúa razonando Gardner, se ha apoyado más la postura de que la inteligencia es innata y que poco podemos hacer para alterar el potencial intelectual con el que vinimos al mundo, una posición que la neurociencia ha puesto en jaque en numerosas oportunidades.

Por último, y con relación a las verdades absolutas, estoy convencido de que estas no existen. Sin embargo, en este apartado me refiero concretamente a afirmaciones que tienen una constatación empírica a nivel anatómico. Por ejemplo, es indiscutible que un individuo que sufra lesiones en zonas importantes de su cerebro tendrá dificultades en el desarrollo de determinados tipos de inteligencia; lamentablemente, esto se ve con mucha claridad en las secuelas que dejan los accidentes cerebrovasculares.

Estrategias para desarrollar y potenciar la inteligencia

Hasta aquí he hecho una introducción destinada a sintetizar los aspectos que considero más importantes relacionados con la inteligencia. A continuación sintetizo los más relevantes para su desarrollo.

Cada *tip* dice mucho por sí mismo; lo que deseo destacar especialmente es que todos ellos están avalados por investigaciones científicas, no son solamente el resultado de aplicar mi propio criterio.

> ### 10 *tips* para tener un cerebro sano e inteligente
>
> 1. Alimentación adecuada.
> 2. Practicar deportes o actividades aeróbicas.
> 3. Ir al gimnasio cerebral.
> 4. Salir de la rutina, hacer cosas diferentes, viajar.
> 5. Evitar el estrés crónico.
> 6. No fumar.
> 7. Dormir bien.
> 8. Evitar "apagones emocionales".
> 9. Disfrutar de las pequeñas cosas.
> 10. Reírse.

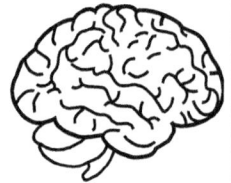

Por ejemplo, el primer ítem se basa en los resultados de aquellas investigaciones que han determinado los beneficios para el cerebro que una persona puede obtener con una dieta adecuada.

Una elección equilibrada de lo que comemos:

- Reduce el estrés oxidativo y la generación de radicales libres.
- Aumenta la producción de neuronas en hipocampo (memoria y aprendizaje).
- Aumenta el número de sinapsis.
- Activa los mecanismos de reparación de daños neuronales.
- Activa genes que favorecen la plasticidad neuronal.
- Protege frente a la incidencia de Parkinson y Alzheimer.
- Reduce la incidencia de cánceres y procesos degenerativos.

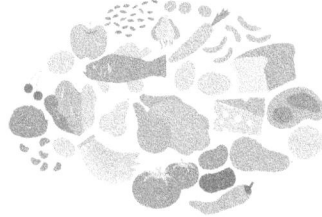

Fuentes: "Aerobic exercises effects on cognitive and neural plasticity in older adults". En: *http//bjsm.bmj.com/content43&122*

Investigaciones publicadas por Fernando Gómez-Pinilla (especialista de la Universidad de California). *http//suite101.net/article/una-dieta-con-antioxidantes-retarda-el-alzheimer-a5886.*

Investigaciones del Departamento de Bioquímica y Biología Molecular de la Universidad Autónoma de Barcelona (UAB). Investigaciones de la Universidad de California.

http//www.elmundo.es/elmundosalud/2011/08/01/neurociencia/1312220820 html

---

La elección de los mejores alimentos para el cerebro requiere de una dieta saludable, diseñada por especialistas. A las actividades deportivas puede elegirlas usted teniendo presente que solo 40 minutos diarios de ejercicios aeróbicos son suficientes para mejorar su potencial cerebral.

Los gimnasios cerebrales pueden ayudarlo a evitar el estrés crónico y a abandonar hábitos nocivos, como no dormir bien, fumar, etcétera, además de mejorar el desempeño de sus funciones neurocognitivas y emocionales.

Todos los recursos están a su alcance

❖ **Recuerde:**

- No vinimos a este mundo con capacidades inmodificables.

- En el desarrollo de la inteligencia no existe el determinismo.

- Todos los seres humanos sanos pueden desarrollar su potencial de inteligencia siempre que tomen la decisión de hacerlo (y la lleven a la práctica).

Capítulo 4

Proactividad: cómo pasar de la intención a la acción

Cerebro en pausa, cerebro en acción. La procrastinación

Temas destacados ●

1. El hábito de postergar se conoce como procrastinación.

2. Las tareas interrumpidas continúan ocupando la mente, consumiendo energía cerebral; el efecto Zeigarnik.

3. Cuando lo que tenemos que hacer es importante, se genera un sistema de tensión que solo se reducirá cuando hayamos concretado la tarea.

4. Si la tarea se interrumpe, ya sea en forma consciente o metaconsciente, dicho sistema de tensión continuará activo, despilfarrando energía cerebral.

5. El paso de la intención a la acción depende de la corteza prefrontal posterior medial, que es la parte del cerebro cargada de energía que controla las acciones.

6. Durante la intención, se activa la región prefrontal anterior medial: mantenemos "en mente" un plan o actividad, aunque todavía no lo ejecutemos.

7. Cuando se toma la decisión se libera el cerebro: ello se refleja en la activación de la región prefrontal posterior medial.

8. El remedio para la procrastinación es la motivación.

9. La motivación activa el neurocircuito de la intención (prefrontal anterior medial) y el de la acción (prefrontal posterior medial).

Lo terminado y lo pendiente: el aporte de Bluma Zeigarnik

Bluma Zeigarnik fue una psiquiatra soviética que dedicó parte de su vida profesional a estudiar las reacciones que desencadenaba la imposibilidad de darle continuidad a una tarea, tanto en el plano emocional como en el conductual.

Su aporte fue tan importante que *la tendencia de las personas a recordar tareas interrumpidas con mayor facilidad que las que han logrado completar se conoce como **efecto Zeigarnik**[1].*

Según sus biógrafos, la destacada científica llegó a esta conclusión durante una estadía en Viena, luego de observar que los camareros podían recordar una larga lista de pedidos pendientes con facilidad mientras que, a la inversa, les costaba evocar aquellos que acababan de servir.

Entusiasmada, y con el fin de otorgarles validez científica a sus observaciones, realizó varias investigaciones experimentales que le permitieron llegar a la siguiente conclusión:

Bluma Zeigarnik

Se recuerda más lo pendiente que lo que se ha terminado o concluido.

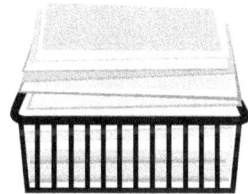

A nivel cerebral, lo que postergamos influye en el desempeño de las funciones ejecutivas, que son las que utilizamos para pensar, razonar, procesar la información, decidir.

Para comprender estos mecanismos, imaginemos un avión que se ve obligado a volar en círculos sobre un aeropuerto debido a un fenómeno meteorológico o a la falta de una pista libre. Mientras no logre aterrizar o, lo que es lo mismo, mientras no logre cumplir con su objetivo, la nave continuará consumiendo energía.

---

1. Los descubrimientos de la Dra. Zeigarnik han sido aplicados en diversas situaciones donde es necesario que un tema "siga" en la mente de las personas –por ejemplo, el suspenso que se crea al final del capítulo de una telenovela o de una serie para generar ansiedad por ver el siguiente–. También tienen aplicaciones interesantes en neuroaprendizaje: algunas técnicas se basan en interrumpir intencionalmente el desarrollo completo de un tema para mantener activos los mecanismos de atención y memoria.

Análogamente, el cerebro consume energía cuando "algo" que tenemos pendiente nos da vueltas por la cabeza. Ello explica la sensación de pesadez (mientras el tema sigue en la mente) y de alivio (cuando, al concluir lo que estaba inconcluso, lo liberamos de dicho esfuerzo).

❖ **Recuerde:**

- Cuando lo que tenemos que hacer es importante, se genera un sistema de tensión que solo se reducirá cuando hayamos concretado la tarea.

- Si la tarea se interrumpe, ya sea en forma consciente o metaconsciente, dicho sistema de tensión continuará activo, despilfarrando energía cerebral.

De la intención a... ¿la acción o la procrastinación?

Los seres humanos tenemos un sistema que actúa como motor desde el momento en que despertamos. Ese sistema activa neurocircuitos que tienen que ver con pensamientos, planes y acciones. Se trata de impulsos que inician y guían el comportamiento tanto ante cuestiones sencillas (como ducharnos y vestirnos para ir al trabajo o una fiesta) como muy importantes o, si se quiere, trascendentales: estudiar, graduarnos, trabajar por ser cada día mejores personas.

Ahora bien, ¿cómo son esos mecanismos a nivel neurológico, esto es, lo que une al cerebro (como máquina biológica) con la mente? ¿Qué es lo que nos lleva a hacer lo que debemos o queremos hacer, o, a la inversa, a postergarlo una y otra vez?

Pocos años atrás no había respuestas concretas para estas preguntas. En la actualidad, y gracias al avance de la tecnología de diagnóstico, las neurociencias han identificado varios circuitos neuronales cuya actividad está siendo estudiada para explicar estos procesos.

Por ejemplo, en el inicio de todo ciclo de motivación, esto es, cuando registramos el impulso que nos lleva a concebir un plan, existe lo que se conoce como intencionalidad previa a cada acción, y ello se refleja en el cerebro.

También se refleja lo que ocurre cuando esa intencionalidad se "congela", esto es, cuando luego de crear una especie de agenda mental con lujo de detalles sobre lo que vamos a hacer, resulta que no lo hacemos.

Si este fenómeno se convierte en un patrón de conducta, estamos ante un problema que debe ser resuelto y se conoce como **procrastinación** (del inglés *procrastination*).

Ejemplos típicos de procrastinación son los siguientes:

- Gerentes que "cajonean proyectos" para evitar el esfuerzo.
- Estudiantes que dejan pasar las fechas de exámenes.
- Ejecutivos que reprograman constantemente sus reuniones.
- Personas excedidas de peso que todos los días "dejan para mañana" la dieta que deberían "comenzar hoy".

El verbo "procrastinar", que la Real Academia Española define como "diferir, aplazar", comenzó a popularizarse en ciertos reductos culturales (como los cafés filosóficos y los institutos de capacitación) desde no hace mucho tiempo. El objetivo de los talleres que se ocupan del tema es ayudar a las personas a pensar "por qué se deja para mañana lo que podría hacerse hoy", sin enmascarar las respuestas.

Esto último es muy importante, ya que los argumentos para "justificar" suelen ser interminables. En algunos casos, cuando la procrastinación se convierte en una forma de vida, es muy eficaz la terapia psicoanalítica.

La procrastinación es la postergación de proyectos y tareas en forma consciente (aunque también puede tener un origen metaconsciente).

Normalmente se debe a desgano, falta de impulso u otros factores que conspiran contra la motivación.

En el mundo del trabajo este fenómeno es un verdadero lastre, por ello está siendo intensamente estudiado por el neuromanagement y el neuroliderazgo.

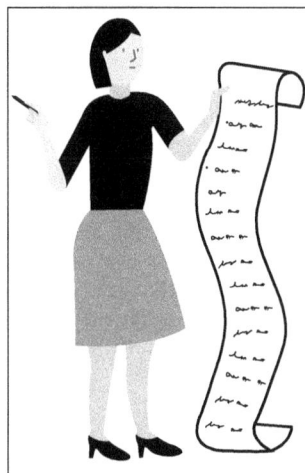

Los mecanismos de procrastinación y proacción a la luz de las neurociencias

En forma paralela a los avances de la psicología y la psiquiatría para el tratamiento de la procrastinación, las neurociencias están registrando avances extraordinarios para entender los neurocircuitos que subyacen o actúan como plataformas para este tipo de conductas.

En la actualidad, se está muy cerca de encontrar una explicación neurobiológica que contribuya a explicar por qué dejamos para mañana lo que podríamos hacer hoy, así como también los mecanismos inversos: qué ocurre en el cerebro cuando "nos ponemos las pilas".

Los siguientes son algunos de esos avances:

- Mientras nos manejamos en el plano de la intención (etapa de pensamiento / preparación), se activa la región prefrontal anterior medial, manteniendo "en mente" una decisión tomada, pero aún no ejecutada.
- Cuando se lleva a cabo la decisión (proacción) se involucra la región prefrontal posterior medial.
- Ambas regiones se ubican en los lóbulos frontales del cerebro y tienen implicancia en comportamientos cognoscitivos complejos, tales como planificación, expresión de la personalidad y conducta social.

Corteza prefrontal medial

Corteza prefrontal posterior

Corteza prefrontal anterior

En la imagen de la derecha se observa la corteza prefrontal medial, que interviene en el paso de la intención a la acción. Es una zona cerebral cargada de energía que, entre otras funciones muy importantes, se ocupa de controlar las acciones.

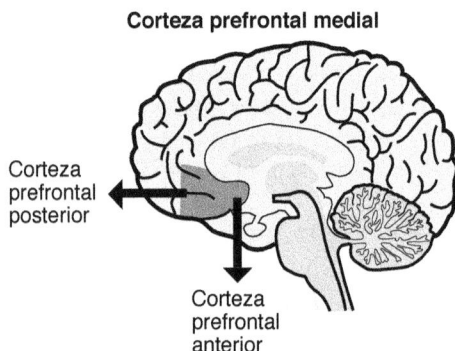

- **La intención activa la región prefrontal anterior medial.**

- **La acción activa la región prefrontal posterior medial.**

Por lo tanto, y en síntesis:

Considerando que "intención" y "acción" involucran dos sistemas cerebrales diferentes, podemos comprender mejor por qué muchas veces nos quedamos en el plano de las intenciones, sin llegar a concretar nunca nuestras ideas o nuestros planes.

Otra pista neurobiológica: el funcionamiento de los ganglios basales

Como consultor, me he pasado años estudiando el porqué de la resistencia a los cambios, desde los más complejos hasta los más simples.

Por ejemplo, siempre me llamó la atención que, teniendo en carpeta el detalle de sistemas extraordinarios en cuanto a su alcance para mejorar las actividades de gestión, los mismos ejecutivos que dedicaban tiempo a analizar sus beneficios terminaban dilatando los proyectos.

En otras ocasiones, cuando los sistemas lograban traspasar el retraso que genera la procrastinación y ¡por fin! su implementación era comunicada al personal, se generaba una resistencia colectiva a concretar los cambios.

¿Por qué pasaba esto? ¿Por qué suele ser tan complicado el paso de la intención (en este caso, invertir tiempo y energía intelectual para aprender a trabajar en forma más "cómoda") a la acción (implementación del nuevo sistema)?

Parte de la respuesta parece estar en el funcionamiento de los ganglios basales, donde se forman y concentran los circuitos neuronales vinculados con los hábitos rutinarios, esto es, lo opuesto a lo que se necesita para innovar.

Por ejemplo, cuando llegamos a la oficina y utilizamos un software

Ganglios basales

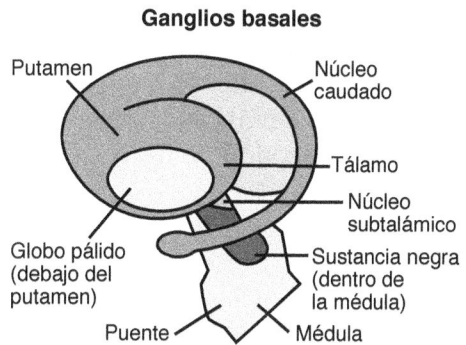

Las estructuras que integran los ganglios basales se sitúan alrededor del tálamo y son las siguientes:
- **Cuerpo estriado formado por el putamen y el núcleo caudado.**
- **Globo pálido.**
- **Núcleo subtalámico.**
- **Sustancia negra.**

que conocemos muy bien, el "archivo de rutinas" localizado en los ganglios basales libera a la corteza del trabajo de tener que procesar información nueva.

Esto hace que muchos de nosotros ejecutemos los programas de Office prácticamente sin detenernos a pensar en cómo lo hacemos.

Si se cambia el sistema, o Microsoft inventa algo completamente nuevo, la situación demandará un mayor consumo de energía cerebral porque deberá intervenir la corteza.

Esto contribuye a explicar por qué la inacción muchas veces no tiene un origen psicológico, sino orgánico.

La procrastinación en las organizaciones

En neuromanagement, la procrastinación es un tema muy estudiado.

Lo que se busca es alertar a los líderes para que estén muy atentos ante este fenómeno, que es mucho más común de lo que se cree.

Entendida como un hábito, no como una patología, la procrastinación se controla habitualmente mediante el análisis del cumplimiento de objetivos.

Sin embargo, y sin descalificar esta metodología, es muy importante destacar que no siempre estamos ante la necesidad de alcanzar determinadas metas, sino ante el hecho de crearlas, esto es, de imaginar, concebir proyectos y darles forma a los cursos de acción para convertirlos en realidad.

¿Qué pasa si existen proyectos que serían fantásticos para el futuro de la organización y, sin embargo, se "cajonean" en la mente de los gerentes o de los miembros de los equipos de trabajo?

¿Qué pasa cuando hay ideas que ya han sido comunicadas y plasmadas en planes y, sin embargo, no se ejecutan? ¿Qué ocurre cuando la gente deambula retrasando lo que tiene que hacer una y otra vez?

En el siguiente cuadro sintetizo los principales factores que, según mis propias investigaciones y experiencias en el mundo empresarial, estimulan este fenómeno.

10 FACTORES QUE ALIENTAN LA PROCRASTINACIÓN EN LAS ORGANIZACIONES

1. El liderazgo formal.
2. La ausencia de incentivos.
3. El aburrimiento en el trabajo (síndrome de Boreout).
4. La sobrecarga de responsabilidades y el cansancio.
5. El mal clima organizacional.
6. La desvalorización.
7. El temor al fracaso.
8. El reforzamiento de las zonas de confort que generan resistencia al cambio.
9. El perfeccionismo.
10. Factores psicológicos individuales que no han sido detectados por los procesos de selección de personal o se han generado posteriormente.

La procrastinación es un fenómeno que debe ser analizado, evaluado y monitoreado en forma permanente, no solo para evitar que se pierdan oportunidades de crecimiento para la organización, sino también, y fundamentalmente, para evitar que *se contagie.*

Así como el aburrimiento en el trabajo puede expandirse como una epidemia, la procrastinación puede constituir un verdadero lastre, al crear un caldo de cultivo para que permanezcan los empleados con menos ganas de pensar, hacer y trabajar y, al mismo tiempo, se abra un gran portal de salida para aquellos que, siendo responsables, inteligentes y creativos, no encuentren su lugar porque el clima imperante adormece el desarrollo del potencial individual y colectivo.

Capítulo 5

El estrés destruye nuestro cerebro

Acceda al video mediante este QR o en https://youtu.be/ZYjW_u_51EQ

Cómo superarlo

Temas destacados

1. El estrés se caracteriza por tensión psicológica y ansiedad, desencadena malestares emocionales y físicos, y puede provocar enfermedades serias.

2. Afecta el desempeño cognitivo: disminuye las capacidades de atención, concentración, razonamiento, memoria y toma de decisiones.

3. Responde a estructuras primitivas del cerebro: sistemas reptiliano y límbico.

4. También interviene el sistema nervioso autónomo; cuando los niveles de estrés son muy intensos, reacciona el sistema nervioso en su conjunto.

5. Conocer el nivel de arousal (alerta, activación) es fundamental en el tratamiento del estrés.

6. Cuando el nivel de estrés es alto, el arousal interfiere negativamente en el desempeño. Por eso es tan estudiado en neuroliderazgo, en neuromanagement y en el deporte profesional.

7. Lo primero que hay que hacer para liberar el cerebro del efecto dañino del estrés es detectar los propios estresores; lo segundo, trabajar para reducir sus niveles.

8. Los gimnasios cerebrales son muy efectivos para detectar el nivel de estrés (mediante técnicas como biofeedback) y ayudar a reducirlo.

9. Para bajar el nivel de estrés hay que cambiar hábitos: dormir más, generar espacios de placer y diversión, aprender a relajarse, meditar, dedicarle tiempo a la actividad física, elegir mejor los alimentos y comer las cantidades necesarias.

10. En casos extremos se requiere ayuda terapéutica (médicos, neuropsicólogos y psiquiatras).

11. Actualmente se está experimentando con la manipulación de hormonas, como el cortisol.

Comencemos por conceptualizar: ¿qué significa *estrés*?

En la vida cotidiana la expresión "estoy estresado" es mucho más habitual que lo deseable.

Vivir a los saltos: de un tema a otro, de un lugar a otro, de una actividad a otra, de un teléfono a otro, de un lugar del mundo a otro, y a una velocidad superior a la que el organismo está preparado para tolerar, se ha convertido en un estilo de vida que "aqueja" (nótese que no digo "caracteriza") a muchas personas.

En la mayoría de los casos, el estrés se incrusta en el cuerpo: migrañas, dolor de espalda, tensión muscular, problemas en el aparato digestivo, incluso mareos, son algunos de los síntomas, digamos, más benignos.

Cuando los niveles son importantes, puede haber vértigo, sensaciones de pánico, problemas cardíacos y accidentes cerebrovasculares.

Esto último es duro. Sin embargo, he decidido mencionarlo en la introducción porque estoy abordando un tema al que todos los seres humanos debemos otorgarle la importancia que tiene y hacer los cambios que necesitamos en nuestro estilo de vida antes de que sea demasiado tarde.

> El término estrés alude a todo factor externo e interno que propicie fuertes estados de tensión psicológica y ansiedad que se traducen en malestares emocionales y físicos.

> Ello disminuye el desempeño de las funciones ejecutivas del cerebro, ya que provoca dificultades en la atención, la concentración, la memoria y la toma de decisiones. Paralelamente, ocasiona una pérdida del autoliderazgo emocional.
>
> En niveles normales el estrés es saludable, por ejemplo, las respuestas de lucha o huida ante una situación peligrosa ha salvado la vida de muchas personas.
>
> En otros, cuando hay sobre carga continua de ansiedad y tensión, es muy nocivo si no se lo controla.

Piense en esto: ha sido observado que *un agente de policía puede experimentar 200 pulsaciones por minuto en 3 décimas de segundo durante una persecución; un estado de intensidad similar (aunque algo menor) se ha detectado en algunas personas en el momento en que fueron despedidas de su trabajo.*

El punto es que, a diferencia de quienes desempeñamos otro tipo de actividades, un agente de policía es un individuo preparado para soportar semejantes niveles de estrés, por lo tanto, las probabilidades de que se enferme o sufra daños a nivel cerebral son menores.

Un estudio reciente de la Universidad de California (Estados Unidos) demostró que *el estrés que provoca la espera antes de que se realice una cirugía es lo suficientemente intenso como para destruir conexiones neuronales en zonas específicas del cerebro* (sin contar las consecuencias en el resto del organismo).

De lo expuesto se desprende claramente que prestarle atención al tema del estrés es muy importante, ya que la mayoría de la gente, y sobre todo la que vive en grandes metrópolis, está sobrecargada de tensiones y lo considera "algo natural", cuando en realidad no lo es.

Tengamos presente que, además del enorme daño físico que produce, las consecuencias del estrés son muy importantes en el funcionamiento del cerebro: puede provocar un descontrol a nivel emocional y, paralelamente, una disminución notable en el desempeño de las funciones ejecutivas, que son las que necesitamos para razonar, planificar y tomar decisiones.

Cuando los niveles normales –o, si se quiere, benignos– de estrés son superados, el grado de activación fisiológica se vuelve excesivo, y lleva a una alteración física y mental que desorganiza el pensamiento y la conducta.

Esto es lo que ocurre en algunas sociedades contemporáneas como resultado de una crisis macroeconómica generalizada que tiene su correlato en estados profundos de ansiedad y angustia.

En grado moderado, el estrés cumple una función adaptativa, ya que contribuye a la supervivencia del organismo, movilizando recursos físicos e intelectuales para la acción.

Ello posibilita un adecuado grado de estabilidad del cuerpo y un eficaz desempeño de las funciones cerebrales que necesitamos tanto para trabajar como para las demás actividades que desarrollamos en la vida cotidiana.

Alcanzado este punto, restablecer el equilibrio funcional puede convertirse en una tarea ardua y dificultosa, ya que la fisiología depende de estructuras cerebrales subcorticales; esto quiere decir que funciona de manera automática y se encuentra más allá de la propia voluntad, permaneciendo fuera de la esfera de la conciencia.

Procesos y estructuras cerebrales vinculados al estrés

Los síntomas fisiológicos y luego conductuales del estrés responden básicamente a estructuras anatómicas cerebrales incluidas dentro de lo que se conoce como sistema reptiliano y sistema límbico.

Tal como se observa en la imagen de la página siguiente, ambos sistemas se ubican por debajo de la neocorteza, sobre la cara medial de cada hemisferio cerebral.

El **sistema reptiliano** es nuestro cerebro más antiguo. Está formado por **el cerebelo, la médula espinal** y **los ganglios basales**, que están implicados en el control del movimiento y las acciones rutinarias.

Este nivel cerebral controla los principales impulsos automáticos y tiene un rol muy importante en las decisiones que permitieron al hombre sobrevivir y preservarse. (Recuerde que, en grado moderado, el estrés tiene una función adaptativa).

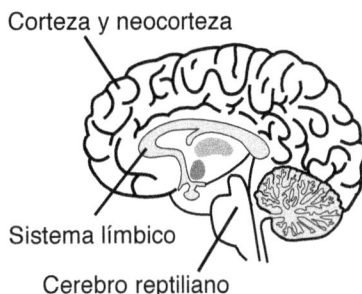

Corteza y neocorteza

Sistema límbico

Cerebro reptiliano

El **sistema límbico** recubre la parte reptiliana y rige las funciones relacionadas con la autoconservación, la lucha, la procreación y, fundamentalmente, el comportamiento emocional.

Se ubica debajo de la corteza cerebral y comprende estructuras muy importantes, como la amígdala, el hipotálamo y el hipocampo.

- La amígdala tiene funciones de alerta, defensa y registro del miedo, participa en los instintos sexuales y tiene un rol fundamental en la vida afectiva.
- El hipotálamo regula los niveles de una hormona denominada oxitocina. Cuando aumentan los niveles de oxitocina, se reduce el estrés.
- El hipocampo tiene un rol fundamental en la memoria: cuando está afectado por el estrés, los recuerdos pueden formarse de manera débil y fragmentada.

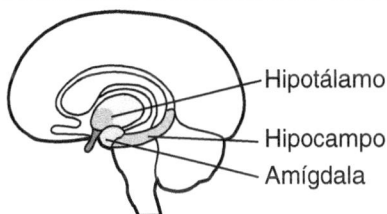

Hipotálamo

Hipocampo

Amígdala

En lo relacionado con la preparación del organismo para que reaccione ante situaciones que provocan miedo o desencadenan el estrés, interviene principalmente el **sistema nervioso autónomo**, que se denomina también **involuntario**, **vegetativo** o **visceral** (esto último, porque está relacionado con el medio interno del cuerpo). También se conoce como sistema adrenérgico o noradrenérgico.

Este sistema es básicamente eferente, porque transmite impulsos nerviosos desde el sistema nervioso central al periférico y rige actividades sobre las cuales no se tiene un control voluntario, como las del corazón o las glándulas. En la gráfica siguiente puede observarse el sistema nervioso humano y la ubicación del autónomo dentro de este.

EL SISTEMA NERVIOSO HUMANO

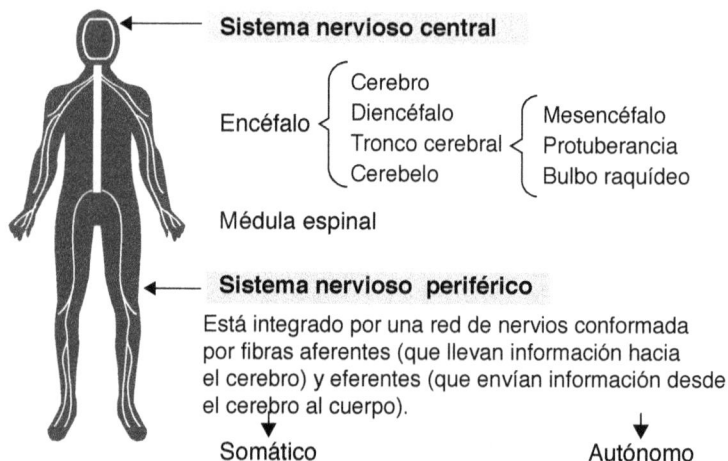

Sistema nervioso central

Encéfalo
- Cerebro
- Diencéfalo
- Tronco cerebral
  - Mesencéfalo
  - Protuberancia
  - Bulbo raquídeo
- Cerebelo

Médula espinal

Sistema nervioso periférico

Está integrado por una red de nervios conformada por fibras aferentes (que llevan información hacia el cerebro) y eferentes (que envían información desde el cerebro al cuerpo).

Somático   Autónomo

Cabe destacar que, cuando los niveles de estrés son muy intensos, el sistema nervioso reacciona prácticamente por completo, contribuyendo a la aparición de desequilibrios y trastornos que afectan en forma general o específica al organismo en su conjunto.

En casos moderados, una situación estresante pone en guardia al cerebro, que se ocupa de enviar instrucciones al cuerpo para que se defienda. Por ejemplo, ante un hecho que suponga un peligro o una amenaza se liberan hormonas, se agudizan los sentidos, aumentan las pulsaciones y se desencadenan diferentes respuestas a nivel muscular. Cuando los episodios son aislados, esto dura pocos segundos. En cambio, si se producen con frecuencia, el organismo "vive" en estado de alerta. Ello afecta el desempeño ejecutivo-emocional y, paralelamente, predispone al individuo para enfermarse.

Un sistema de alarma natural: la función arousal

Al abordar el tema del estrés, resulta de fundamental importancia comprender de qué se habla cuando se utiliza el término "arousal". Las siguientes son algunas definiciones que contribuyen a esta conceptualización:

- *El constructo arousal (activación) es una expresión hipotética que describe los procesos que controlan la alerta, la vigilia y la activación (Anderson).*
- *Arousal es un concepto hipotético que mide el grado de activación fisiológica y psicológica de un cuerpo. Esta activación permite predecir el desempeño de un*

sujeto tomando como principio que, al tener un arousal óptimo, se tiene un rendimiento también óptimo; al tener un arousal sobreactivado o subactivado, se tiene un rendimiento bajo (Ronco).

Como vemos, el término **arousal** refiere a un **estado de alerta** que, a nivel cerebral, es desencadenado por el **sistema límbico** (que es el que actúa ante situaciones de alerta o amenaza percibida).

- Un grado moderado de arousal es indispensable para alcanzar un adecuado rendimiento en las actividades que se están desarrollando.
- Un grado inferior o superior al normal afecta el desempeño.

Por ejemplo, si nos pasamos del punto óptimo, la activación ejerce una influencia directa sobre los procesos cognitivos de orden superior, como la atención y la memoria, afectando negativamente las funciones ejecutivas del cerebro; por ello es una función tan estudiada en el mundo del deporte.

LA FUNCIÓN AROUSAL ES MUY ESTUDIADA EN EL DEPORTE PROFESIONAL

- La mayor parte de los deportistas pueden desencadenar *niveles inapropiados de activación (arousal)*.
- Cuando son muy altos, el sistema nervioso autónomo genera un estado de ansiedad incontrolable.
- Dicho estado altera el desempeño de las funciones neurocognitivas, y puede llevarlos a cometer errores que los dejan fuera de competencia.

En todos los ámbitos, el nivel óptimo de arousal depende tanto de la actividad que se esté desarrollando como de la personalidad y otros factores individuales, por lo tanto, difiere entre personas.

En la práctica cotidiana, los niveles de arousal normalmente se miden analizando respuestas fisiológicas, bioquímicas e intelectuales en momentos determinados.

Cuando estas respuestas no son las adecuadas, se implementa una batería de técnicas tendientes al autoliderazgo emocional, entre ellas, meditación, ejercicios respiratorios, biofeedback, masajes descontracturantes, así como también ejercicios destinados a mejorar la atención, la concentración y la memoria.

Si bien he puesto como ejemplo un caso del mundo del deporte profesional, cabe subrayar que la relación entre arousal y estrés es estudiada por varias disciplinas, entre ellas, el neuromanagement (en la que me he especializado).

Observe la gráfica siguiente:

En situaciones de equilibrio, el nivel de arousal facilita el rendimiento intelectual.

Cuando el nivel de estrés es alto, el arousal se convierte en una interferencia que se traduce en una abrupta caída del desempeño.

Como se puede observar, un arousal equilibrado propicia el óptimo rendimiento en la resolución de problemas y la toma de decisiones, por eso es un aspecto crucial en muchas profesiones en las que los retos y los desafíos son moneda corriente: los actores se ponen ansiosos el día del estreno, los ejecutivos cuando saben que se juegan el puesto en una negociación y los estudiantes cuando tienen que dar final tras final para avanzar en su carrera[1].

En todos los casos, un nivel óptimo de arousal puede alcanzarse mediante la puesta en práctica de ejercicios que contribuyan a la percepción e identificación de las propias respuestas fisiológicas ante el estrés y las emociones asociadas, así como también de sus consecuencias conductuales.

Asimismo (un buen ejemplo es la psicología del deporte), puede ser necesario recurrir a terapias individuales especializadas.

Principales consecuencias del estrés para el cerebro

Las investigaciones en neurociencias confirman día a día que el estrés, en sus diferentes variantes de intensidad y duración, produce no solo cambios en el cerebro (tal como lo demostró la investigación de la Universidad de California que he citado anteriormente), sino que también disminuye el desempeño de algunas de sus funciones y puede dañar algunas zonas, cuando los niveles y la perduración del estrés son muy superiores a los del nivel medio.

Algunos daños son reversibles, siempre que se tome conciencia y se realice un profundo cambio en la forma de pensar y el estilo de vida. Otros pueden ser

---

1. Si bien esto no les pasa a todos, las excepciones son una notable minoría.

muy graves (caso de la muerte neuronal y los accidentes cerebrovasculares).

Veamos los más importantes:

- *Daños en la corteza prefrontal, que disminuyen los recursos cognitivos necesarios para procesar la información, analizarla y tomar decisiones.*

Estos efectos fueron corroborados por una investigación realizada por la Universidad de Yale (que puede leerse en la revista *Biological Psychiatry*), en la que se tomaron imágenes de los cerebros de 100 personas que habían vivido momentos muy estresantes, como pérdida del trabajo o de un ser querido, incluso divorcios.

Cuando el estrés es temporal (caso de las tensiones laborales, de pareja o familiares), tiene remedio en el corto plazo, siempre que se implementen los cambios necesarios.

Cuando es acumulativo, puede producir un deterioro grave tanto en las funciones cerebrales como en la salud del organismo en general.

Se observó menos materia gris de lo normal en la mencionada estructura, que también participa en la vida emocional, la regulación de los deseos y el control de los impulsos (esto último puede provocar conductas inapropiadas en las personas afectadas).
- *Alteraciones en el funcionamiento del hipocampo, con lo cual la memoria puede formarse de manera débil y fragmentada.*
- *Se provoca una liberación excesiva de una hormona denominada cortisol, como respuesta a situaciones de sobrecarga tensional.* Ello afecta los procesos de consolidación de la memoria y bloquea la corteza prefrontal, alterando la capacidad de resolución inteligente de problemas y las habilidades esenciales para razonar y tomar decisiones.
- El exceso de cortisol también puede provocar una pérdida de volumen en el hipocampo. Por ejemplo, durante una investigación realizada con adultos mayores expuestos a altos niveles de esta hormona durante períodos prolongados se observó una reducción del 14% en esta estructura.
- *Desencadenamiento de un complejo de emociones negativas que repercuten en los pensamientos y las relaciones con los demás.*
- *Afectación de la neurogénesis, que es el proceso mediante el cual se forman las células que componen el sistema nervioso.* Recientemente, se observó que un área del hipocampo muy sensible al estrés es el giro dentado, una región que produce nuevas neuronas incluso en edades avanzadas.

- Cuando el estrés se convierte en crónico, *uno de los sistemas más vulnerables es el de la memoria episódica.* Por ello algunas personas afectadas no pueden recordar qué hicieron dos o tres días antes, otras olvidan la sartén en el fuego y otras pierden tiempo constantemente buscando sus gafas.
- Pueden alterarse los niveles de serotonina, afectando el estado de ánimo, los ciclos de sueño y vigilia, y la actividad sexual.

www.psicosaludtenerife.com

Estrategias para liberar al cerebro y al cuerpo de los efectos dañinos del estrés

Lo primero es elaborar un cuadro de situación; de hecho, ninguna actividad puede comenzar bien si no se define claramente el punto de partida.

Si usted considera que está estresado, el primer paso es descubrir por qué; el segundo, comenzar a trabajar seriamente para disminuir los niveles de estrés, para lo cual le presentaré un plan tan sencillo que tiene solo 6 *tips* (pasos). Eso sí: cada *tip* es importantísimo.

Primer paso: descubra sus estresores

Los estresores son determinados hechos, personas, situaciones, incluso objetos, que provocan estrés.

Normalmente se clasifican en **biogénicos** y **psicosociales**.

Los **biogénicos** se desencadenan sin que medie una evaluación cognitiva, por ejemplo, ruidos, sustancias químicas (anfetaminas, nicotina) y el ejercicio físico intenso.

Los **psicosociales** se relacionan con hechos sociales que afectan al individuo según el significado que este les otorga.

Algunos estresores –por suerte son los menos– tienen una enorme relevancia porque están relacionados con sufrimientos intensos, como el que provocan las pérdidas y determinadas enfermedades, ante los cuales poco podemos hacer para evitarlos[2].

Otros son muy comunes y es suficiente con mirar dentro de uno mismo o alrededor para detectarlos. Por ejemplo, para algunas personas es estresante dar un examen o hablar en público.

Otras padecen (muchas veces en forma metaconsciente) ruidos ambientales a los que su cerebro no logra acostumbrarse.

http://psicoblogging.wordpress.com

En los ámbitos laborales hay factores que actúan como importantes estresores, como la mala relación con un superior, los ruidos, las interrupciones constantes (por cierto, ¡cuánta gente maleducada hay en todas partes!), los teléfonos que suenan sin parar, etcétera.

También la incertidumbre es un estresor importante para las personas que no soportan la ambigüedad y necesitan certezas (algo por cierto muy difícil de conseguir en el mundo contemporáneo, en el que las crisis económicas afectan a muchísima gente).

¿Qué lo estresa a usted?

Si su nivel de estrés es moderado (de lo contrario, recurra hoy mismo a un especialista), le propongo que elabore una lista de sus propios estresores, ya que hacerlos conscientes es un buen punto de partida para lograr controlarlos.

---

2. En este caso siempre es recomendable un tratamiento terapéutico con especialistas, como psiquiatras o neuropsicólogos.

Además de aquellos estresores que pueden considerarse de mucha relevancia, como una relación de pareja conflictiva, hay otros que no son tan evidentes y, sin embargo, también afectan, por ejemplo, la falta de control en situaciones que aparentemente no son importantes.

Al respecto puedo aportarle un ejemplo personal: normalmente conduzco a la velocidad más alta permitida y no me estreso. Me encanta conducir. En cambio, si es mi amigo quien conduce el coche y hace lo mismo, recién me relajo cuando llegamos.

Y a usted… ¿qué lo estresa? Espero haberle suministrado un conjunto suficiente de pistas como para que pueda descubrirlo y comenzar a trabajar para resolverlo.

También puede recurrir a la ayuda externa para detectar sus estresores.

En este caso le sugiero la técnica de biofeedback, que consiste en colocar una serie de electrodos que registran diferentes señales corporales.

Ello permite medir la actividad electrodermal o conductancia eléctrica de la piel, el ritmo cardíaco, la frecuencia respiratoria, la tensión muscular, la actividad eléctrica del cerebro y la temperatura del organismo.

Los resultados que se obtienen son enviados a un ordenador equipado con un software especial para su decodificación y análisis. Ello permite hacer una lectura rápida de los síntomas fisiológicos asociados al estrés, establecer su nivel y, posteriormente, diseñar e implementar el tratamiento adecuado.

Estos equipos se emplean normalmente en los programas de entrenamiento para el autoliderazgo emocional que se imparten en los gimnasios cerebrales. Dado que yo mismo he comprobado su alta efectividad en nuestro centro de entrenamiento cerebral, Braidot Brain Gym, recomiendo especialmente este tipo de técnicas.

Segundo paso: *tips* para reducir el nivel de estrés

Las siguientes recomendaciones son para casos de estrés leve o moderado.

Si el nivel de estrés es alto, está poniendo en peligro su salud y, en un caso extremo, su propia vida, por lo cual le sugiero que haga una doble consulta: con un médico y un psicólogo (o psiquiatra, según el caso).

Si su nivel de estrés es leve o moderado, le proporciono un conjunto de pistas sencillas que lo ayudarán a reducirlo.

1. Duerma

El sueño es uno de los mejores remedios para el estrés y el agotamiento y, además, un buen aliado para resolver los problemas que aquejan durante la vigilia. Cientos de investigaciones confirman que dormir bien facilita el análisis de situaciones que implican decisiones difíciles.

2. Genere espacios de placer y diversión

La risa es muy saludable. Según una de las últimas investigaciones, las personas que contrarrestan el estrés con el humor mejoran su sistema inmunitario, sufren un 40% menos de infartos de miocardio o apoplejías, y viven más.

3. Aprenda a relajarse.
Medite o recurra a la técnica que le proporcione este beneficio

Los efectos beneficiosos de la meditación para el cuerpo y la mente han sido corroborados infinidad de veces. Uno de los más recientes procede de un experimento realizado en el Hospital General de Massachusetts: los participantes hicieron ejercicios de relajación durante media hora diaria a lo largo de ocho semanas y lograron cambios importantes en regiones cerebrales de las que dependen nada menos que la memoria, la empatía, el sentido del yo y, por supuesto, el estrés.

4. Realice actividades aeróbicas o practique algún deporte

La mejor forma de explicar la importancia del ejercicio físico para reducir el estrés consiste en destacar sus beneficios.

Los beneficios de la actividad física se acumulan con los años

Resultados de una investigación realizada con un millón de partici-pantes suecos:

Reserva cognitiva →

Quienes en la juventud realizaron ejercicios y/o practicaron deportes en forma regular, demos-traron mejores habilida-des mentales 50 años después.

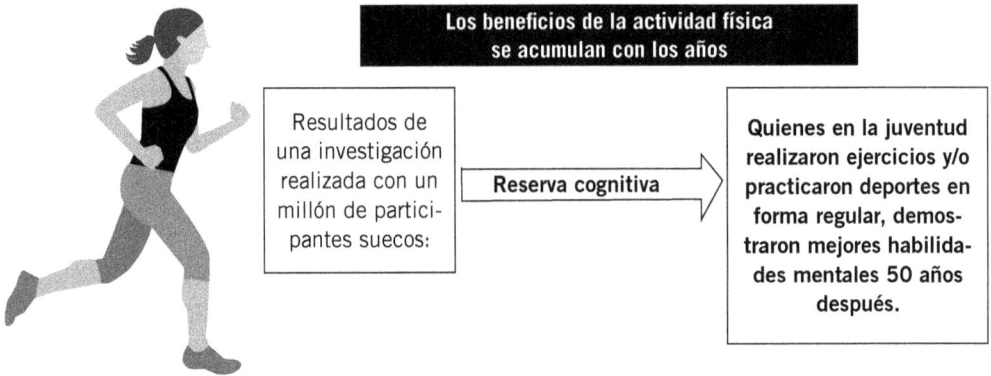

Por ejemplo, varias investigaciones coinciden en que las personas que prac-tican un deporte, caminan, bailan o realizan algún tipo de actividad aeróbica **tienen menores niveles de ansiedad** que aquellas que llevan una vida sedentaria.

Y esto no es todo. El ejercicio físico tiene enormes beneficios para el cerebro, además de reducir el estrés:

- *En el corto plazo, las actividades aeróbicas contribuyen a la neurogénesis en el hipocampo, mejorando los sistemas de memoria.*
- *En el largo plazo, el beneficio es acumulativo.*

Por lo tanto, y sin duda alguna, el acto cotidiano de hacer una pausa en la actividad frenética que caracteriza a las sociedades modernas para realizar ejercicio o practicar un deporte no solo permite que el cerebro se libere de los estresores, sino que también mejora su desempeño.

5. Controle lo que come y, sobre todo, ¡coma solo lo necesario!

Los malos hábitos alimenticios no solo predisponen a determinadas enfer-medades y dañan los vasos sanguíneos, también están relacionados con el rendimiento cerebral. Este problema se potencia en el caso de las personas estresadas porque comen mal, a cualquier hora, en lugares donde les sirven comidas "rápidas" y, lo que es peor, suelen "deglutir" a las corridas porque ¡no tienen tiempo!

Por ejemplo, durante una investigación emprendida por la Universidad de California, en los Estados Unidos, se estudió el cerebro de las 1.300 per-sonas participantes de la muestra, mediante escaneo cerebral. Luego se les pidió que respondieran un conjunto de cuestionarios. Al cabo de diez años, estas personas fueron convocadas nuevamente.

Si bien se analizaron varios aspectos, vinculados principalmente al impacto de sus hábitos en las distintas funciones cerebrales, los resultados relacionados con la alimentación fueron alarmantes: *quienes tenían pésimos hábitos alimenticios (la mayoría ya eran obesos) presentaban una reducción del tamaño del cerebro en su conjunto.*

6. Recurra al gimnasio cerebral

Los gimnasios cerebrales son organizaciones especializadas en entrenar el cerebro, tanto en los aspectos intelectuales como en los emocionales. En general, aplican metodologías e instrumentos que contribuyen a resolver las consecuencias de las situaciones estresantes del entorno y preparan a las personas para enfrentar los desafíos a los que son expuestas cotidianamente, luego de realizar un diagnóstico que permita detectar el nivel de estrés de cada una de ellas.

Por ejemplo, en el Braidot Brain Gym utilizamos la técnica de biofeedback para obtener información precisa sobre los procesos fisiológicos y sus alteraciones derivadas del estrés, de manera tal que las personas afectadas puedan aprender a corregirlos y modularlos.

Asimismo, y tomando en consideración que el estrés es la principal causa de los trastornos psicosomáticos, el biofeedback se erige como un instrumento de probada eficacia para el tratamiento de las contracturas y dolores musculares, el insomnio, los dolores de cabeza tensionales crónicos, las úlceras estomacales, la hipertensión arterial, y otros padecimientos asociados a la depresión y la ansiedad.

Cuando se trata de casos o situaciones particulares que generan un estrés temporal, el entrenamiento con tecnología de biofeedback permite comprender qué relación existe entre pensamientos, por un lado, y emociones y respuestas fisiológicas, por el otro; y cómo utilizar esta información para maximizar los propios recursos a partir de la experiencia.

Ello impacta positivamente en el desempeño personal ante circunstancias más o menos críticas que pueden representar un desafío intelectual o personal, principalmente para el individuo que no tiene experiencia en ellas, por ejemplo:

- Entrevistas laborales muy importantes.
- Presentación de proyectos y disertaciones públicas.
- Sobrecarga laboral, saturación de los sistemas atencionales y de memoria.

- Competencias deportivas.
- Clases orales, exámenes personales, defensa de trabajos prácticos.
- Relaciones interpersonales complicadas que requieren mediación de conflictos (por ejemplo, divorcios).

En las empresas, hemos comprobado que al liberar las funciones cognitivas de la interferencia del estrés se multiplican las posibilidades para la eficiencia gerencial y la gestión empresarial, y se diversifica la creatividad. Como académico, he podido observar en más de una oportunidad que un tratamiento adecuado para monitorear el estrés prepara el terreno para logros académicos e intelectuales destacables[3].

Un tratamiento futuro con ayuda externa: la manipulación de hormonas

Entre los tratamientos más recientes en fase experimental, cabe destacar el desarrollado por científicos de los Estados Unidos y Canadá para los trastornos de estrés crónico, que se basa en la dinámica que generan en el organismo las respuestas de lucha o huida[4].

Estas respuestas se originan en las capas más primitivas del cerebro, por ello, el método focaliza en el eje hipotalámico-pituitario-adrenal (HPA).

La disfunción del eje HPA ha sido vinculada con la depresión, el estrés postraumático y el síndrome de fatiga crónica, entre otros trastornos. Por ello se trabaja en la creación de tratamientos dirigidos a equilibrar este sistema.

Por ejemplo, el que mencionamos al principio de este apartado consiste en una intervención con el objetivo de recomponer el HPA, reduciendo temporalmente los niveles de cortisol: cuando estos bajan, el eje HPA se encamina hacia una regulación normal.

Cabe destacar que los efectos de las variaciones en la cantidad de cortisol han sido estudiados por varias investigaciones destinadas a mejorar la memoria.

Por ejemplo, uno de los casos más conocidos es el de los soldados que han estado en el frente y volvieron con dificultades de memoria debido a este desequilibrio.

---

3. Para profundizar sobre este tema véase Braidot, Néstor (2012): *Sácale partido a tu cerebro*. Ediciones Granica, Buenos Aires.
4. Fuente: *PLOS Computational Biology*; publicaciones de Intramed: *http://www.intramed.net/contenidover.asp?contenidoID=58079*

En situaciones no tan intensas, el estrés puede afectar parcialmente el hipocampo, con lo cual los recuerdos pueden formarse de manera fragmentada y desencadenar un fenómeno que se conoce como "relleno de lagunas mentales", dando lugar a memorias que no son una impresión fiel de lo ocurrido sino una reconstrucción de la realidad realizada por el cerebro.

Como vemos, el tema es lo suficientemente importante como para que le prestemos mucha atención, debido a los procesos que se desencadenan en el organismo.

Tenga presente lo siguiente:

El HPA es uno de los sistemas más importantes de control que tiene el cuerpo humano.

Utiliza bucles reguladores de retro-alimentación hormonal para ayudar a mantener el equilibrio de los sistemas del cuerpo (homeostasis).

- Ante una situación de alarma, el cerebro envía un mensaje a las glándulas adrenales para que liberen cortisol. Si se trata de un suceso temporal, como un viento huracanado que nos sorprende en medio de la ruta, una vez superada la situación los niveles hormonales y los procesos fisiológicos vuelven a la normalidad.
- Cuando el estrés es prolongado, los niveles de cortisol aumentan y pueden dañar considerablemente el organismo, incluso algunos sistemas de los que dependen las funciones ejecutivas del cerebro, como los de atención y memoria.

En situaciones de estrés hay una gran producción de cortisol.

El exceso de esta hormona afecta al hipocampo, que es clave para el funcionamiento de la memoria.

Si usted desea hacer una evaluación, digamos "casera", los siguientes son síntomas a los que deberá prestarles mucha atención porque pueden indicar altos niveles de cortisol:

- Irritabilidad.
- Mal humor.

- Sentimientos de rabia que a veces pueden ser intensos.
- Tristeza sin motivo aparente, llanto o ganas de llorar.
- Cansancio (aun cuando quizá pasó toda la tarde durmiendo la siesta).
- Desórdenes alimenticios: hambre cero o descontrol a la hora de comer.
- Problemas orgánicos: palpitaciones, calambres, enfermedades menores debido a que bajan las defensas.

En cualquier caso, tenga presente una recomendación en la que he insistido varias veces en este libro: **no omita jamás la consulta médica**.

Capítulo 6

Cómo lograr felicidad a través de nuestro cerebro

Acceda al video mediante este QR
o en https://youtu.be/5204A4IXupl

Temas destacados •

1. La felicidad se puede observar en el cerebro.

2. Los momentos felices son estados fisiológicos del cerebro que pueden ser generados por nosotros mismos.

3. En las personas felices, el núcleo caudado es más grande (en comparación con el de aquellas que no lo son).

4. Las personas que pierden la capacidad de experimentar el placer y disfrutar pueden tener un déficit de dopamina (por efecto de su conexión con lo negativo).

5. La contracara de la felicidad es la anhedonia.

6. La infelicidad produce escasa o nula activación de los sistemas de recompensa, bajo nivel de dopamina y pobre desempeño de las funciones ejecutivas.

7. Un cerebro infeliz es un cerebro menos inteligente, menos ágil, menos creativo.

8. Debemos interiorizarnos sobre los efectos positivos de la risa.

9. La risa puede ser inducida en forma natural y artificial.

10. Una persona que no ríe está afectando el desempeño de su cerebro.

La felicidad y el cerebro: avances e investigaciones recientes

Era primavera en España, pleno mes de mayo de 2006, cuando leí en BBC *Mundo* lo siguiente:

> *Después de miles de años en busca de la fórmula mágica, un equipo de neurólogos afirma que la felicidad es el resultado directo de la actividad cerebral, susceptible de ser observada y medida.*[1]

Que la información procediera de la BBC no me llamó la atención; justamente, esta cadena tenía un programa que se llamaba "La fórmula de la felicidad" en uno de sus canales, por lo que estaban muy atentos a cada avance de las neurociencias sobre el tema.

Y tal como dijo uno de los especialistas consultados por la producción, Morten Kringelbach, la investigación neuronal de la felicidad se centraba en dos aspectos: el placer y el deseo. Ambos estados se estudiaban focalizando en el **sistema de recompensa del cerebro**.

La neurociencia nos sorprende día a día con los temas en los que indaga sobre el funcionamiento cerebral, y uno de los más apasionantes es –sin duda– el de la felicidad.

¿Dónde está? ¿Qué zonas cerebrales están vinculadas a los procesos que desencadenan estados felices? ¿Hay personas más proclives que otras a ser felices o infelices? ¿Por qué hay gente alegre y gente amargada sin motivo aparente?

Mediante experimentos de laboratorio, ya se había establecido la diferencia entre ambos estados en el sistema nervioso al observar la actividad neuronal y el flujo de algunos neurotransmisores, como la dopamina y el sistema opioide (péptidos y morfina, entre otros).

También se habían emprendido investigaciones con el fin de observar las conexiones de la corteza orbitofrontal (la más avanzada del cerebro) con los mencionados sistemas.

Cuando se le preguntó a Kringelbach acerca de las aplicaciones de las investigaciones sobre la felicidad, respondió lo siguiente: "Es posible que los neurocientíficos encuentren algún día la receta para alcanzar este estado, es decir, la fórmula para inducir la felicidad". En aquel momento pensé: *bueno, si la encuentran, mejor que sea natural.* Yo soy un enemigo acérrimo del uso de sustancias artificiales, excepto cuando se utilizan para curar enfermedades.

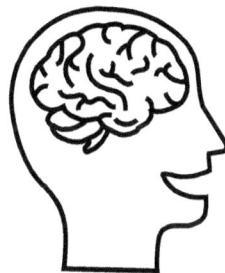

---

1. *http://news.bbc.co.uk/hi/spanish/science/newsid_4970000/4970448.stm*

Otra investigación que me pareció muy interesante, y que me llegó un tiempo después de haber leído el artículo de la bbc, se realizó en el Instituto Douglas de Montreal, Canadá. El objetivo era (nada menos) analizar cómo está inscripta la felicidad en el cerebro, para lo cual se estudió la actividad neuronal de un grupo integrado por 29 personas.

Durante una investigación sobre la felicidad, se descubrió que el núcleo caudado era más pequeño en las personas infelices.

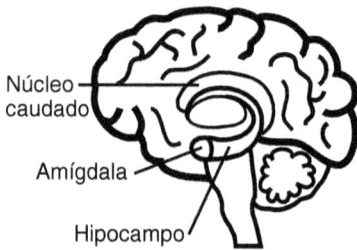

Al observar las imágenes, se determinó que una pequeña zona, el núcleo caudado, era más pequeña de lo normal en los participantes que –en función de los parámetros bajo estudio– habían sido definidos como infelices[2].

Tal como se observa en la imagen, el núcleo caudado se ubica en las profundidades del cerebro y tiene la forma de un cometa cuya cola finaliza en el cuerpo amigdalino. Junto con el putamen, integra el cuerpo estriado (que también incluye al núcleo accumbens)[3].

Asimismo, ha sido observado (mediante fMRI) que esta estructura se activa durante una experiencia mística[4] y hay indicios de que está involucrada en el amor de pareja (cuando esta alcanza su etapa estable)[5].

Otras investigaciones llegan a la conclusión de que el nivel de activación del núcleo caudado revela equilibrios y desequilibrios emocionales:

- Un núcleo caudado sobreactivado está relacionado con algunos desórdenes de apariencia psicológica, como la ansiedad, la fobia, o los trastornos obsesivo-compulsivos (TOC)[6].
- Un núcleo caudado poco activo puede estar implicado en desórdenes que disminuyen el desempeño de las funciones ejecutivas, como el déficit de atención, la apatía y la falta de motivación (el núcleo caudado y la sustancia negra son estructuras de los ganglios basales que intervienen en los procesos de atención)[7].

---

2. *http://www.nature.com/mp/journal/v12/n8/abs/4002021a.html*
3. Esta aclaración es muy importante debido a que suele haber confusiones entre el núcleo caudado y el accumbens. Si bien son estructuras parecidas y tienen funciones similares, no son iguales.
4. Beauregard, M.; O'Leary, D. (2007): *The Spiritual Brain*. Harper Collings Publishers, New York.
5. Fuente: *American Physiological Society* y *Journal of Neurophysiology*.
6. *http://diariodeltoc.wordpress.com/category/diario-del-toc/page/78/*
7. Campos Castelló. J. (2000): "Bases neurobiológicas de los trastornos del aprendizaje". *Revista Neurol*, 1: 55-61.

¿Podemos inferir, al leer los resultados de estas investigaciones, que quienes tienen un núcleo caudado más grande son más felices; que quienes tienen un núcleo poco activo son ineficientes en su trabajo o que quienes, por el contrario, registran sobreactivación de esta estructura padecen TOC?

En ningún ámbito de la vida las generalizaciones son buenas, excepto que se trate de evidencias científicas extrapolables a toda la población.

Lo que sí podemos afirmar, "generalizar", es que las personas que pierden la capacidad de experimentar el placer y el deseo pueden tener dificultades con algunos neurotransmisores, como un déficit de dopamina (por efecto de su conexión con lo negativo), con consecuencias muy importantes en el desempeño de algunas de sus funciones cerebrales y, por supuesto, en su calidad de vida.

Algunas de estas personas caen en estados de **anhedonia**, que vendría a ser el polo opuesto de la felicidad, debido a que se pierde la capacidad para experimentar el deseo y la satisfacción, y lo mismo ocurre con el placer. Es típico de las personas que atraviesan una depresión, ya sea temporal o crónica.

❖ **Recuerde:**

Cuando el cerebro no recibe estímulos placenteros puede haber un déficit de dopamina, provocando un estado de anhedonia.
• Incapacidad de experimentar el placer y disfrutar.
• Aburrimiento.
• Desmotivación.
• Angustia.
• Depresión.

¿Qué son los sistemas de recompensa del cerebro?

Los sistemas de recompensa son zonas que responden ante determinados estímulos. Básicamente, **son centros liberadores de dopamina.**

La **dopamina** es el neurotransmisor catecolaminérgico más importante del sistema nervioso.

Participa en numerosas funciones, las más importantes son las relacionadas con la emotividad, la conducta motora, la afectividad y la comunicación neuroendocrina[8].

---

8. *http://www.revbiomed.uady.mx/pdf/rb001116.pdf.*

Anatómicamente, el **sistema de recompensa** está comandado por el **núcleo accumbens**, que normalmente actúa en conjunto con otras estructuras. Por ejemplo, cuando se trata de generar conductas de acercamiento a una situación que provoque el placer que se está buscando, trabajará con la corteza prefrontal medial.

> **El sistema de recompensa es un circuito dopaminérgico del cerebro, responsable de generar estados de placer.**
>
>
>
> Cuando la dopamina activa el sistema de recompensa, el control racional disminuye. Las actividades que implican una gratificación guían la conducta con más fuerza que los motivos racionales que puedan inhibirlas.
>
> **Las sensaciones placenteras almacenadas en el cerebro tenderán a repetirse por acción del sistema de recompensa.**

Los estímulos que producen recompensa son diversos: coches, alimentos exquisitos, sexo, situaciones que provocan diversión, entre tantos otros. Por ejemplo, los chistes activan el núcleo accumbens, provocando una sensación de bienestar que puede perdurar durante horas e influye en la conducta.

Esto fue observado durante varios experimentos que permitieron establecer un correlato entre el déficit de dopamina y los estados de angustia o infelicidad.

El rol de la dopamina en el sistema de recompensa del cerebro es fundamental, hasta tal punto que, cuando no se produce la recompensa esperada, las neuronas dopaminérgicas muestran una menor activación. Por ello se infiere que estas neuronas codifican los errores relacionados con expectativas.

Por ejemplo, los seres humanos vamos aprendiendo lo que debemos hacer para conseguir recompensas y/o gratificaciones. Cuando determinadas conductas no conducen a los logros esperados, la dopamina envía señales de alerta al cerebro desencadenando las conductas pertinentes.

Núcleo accumbens

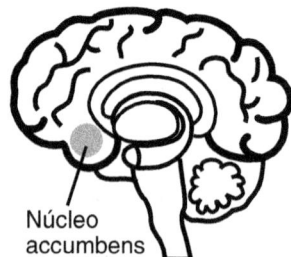

Núcleo accumbens

> Está asociado con el centro del placer del cerebro.
> Es una estructura muy estudiada debido a que las drogas que provocan adicciones, como la cocaína y la heroína, generan un aumento en los niveles de dopamina en esta zona.

Otro tema muy importante relacionado con este neurotransmisor es que influye en el desempeño de las funciones ejecutivas (que son las que necesitamos para pensar, razonar, planificar, estudiar), ya que interviene en parte de la información que fluye hacia los lóbulos frontales.

Cuando los niveles de dopamina son bajos, normalmente hay *dificultades en la concentración.*

También puede observarse falta de motivación y escasa respuesta a situaciones de recompensa.

Si hay alteración en los niveles de dopamina, pueden afectarse las funciones que dependen de la atención, la memoria de trabajo, la resolución de problemas y la toma de decisiones.

En la corteza prefrontal, los niveles de dopamina inferiores a los normales provocan trastornos en los mecanismos de atención[9].

Por ejemplo, durante una investigación realizada con personas con dificultades en sus sistemas de atención se descubrió que tenían menos cantidad de receptores y transmisores de dopamina en dos regiones que, como ya vimos, son fundamentales en el sistemas de recompensa: el núcleo accumbens y el cerebro medio.

En síntesis, lo que he relatado hasta aquí son, en realidad, las **consecuencias de la infelicidad en el cerebro**, y no dudo de que usted coincidirá conmigo en que, efectivamente, son **alarmantes**, sobre todo porque las investigaciones dan cuenta de que este fenómeno alcanza a la mayoría de los seres humanos.

❖ **Recuerde:**

Las personas que logran experimentar estados de felicidad son una notable minoría.

Las consecuencias de la infelicidad en el cerebro son importantes:

- Escasa o nula activación de los sistemas de recompensa.
- Déficit importante de dopamina.
- Dificultades en el desempeño de las funciones ejecutivas del cerebro.
- Anhedonia.
- Depresión.

ADVERTENCIA
Un cerebro infeliz es un cerebro menos inteligente, menos productivo, menos creativo.

9. *http://www.elmundo.es/elmundosalud/2009/09/08/psiquiatriainfantil/1252433396.html*

Ello ha dado lugar a una nueva corriente, que algunos ya denominan "la neurociencia de la felicidad y el bienestar"[10]. La importancia del tema ha propiciado, además, diversos llamados a la reflexión.

Filosóficamente, todos deberíamos venir a este mundo con la misión de ser felices, pero parece que muchas personas han aceptado resignadamente otro tipo de mandato.

Es hora de realizar un cambio. Las neurociencias modernas traen consigo un conjunto de herramientas de avanzada para que tomemos conciencia de la importancia de vivir con alegría y trabajar en pos de nuestra propia **neuroplasticidad dirigida... hacia la felicidad**.

El efecto neurológico de la risa

Analizar las razones por las cuales una persona no es feliz es un tema que excede el marco de este trabajo. Más aún, algunos individuos llevan décadas psicoanalizándose y no han hallado una respuesta. Lo que me interesa destacar aquí es que la mayor parte de las investigaciones coincide en que un número alarmante de personas en el mundo no son felices y, lo que es peor, ¡lo han naturalizado!

"Lo que se ve" (lo pongo entre comillas porque lo que pasa dentro de una persona rara vez trasciende el espacio de su mundo íntimo) es que entre quienes se definen como poco felices y no han atravesado una tragedia importante (como la pérdida de un ser querido) hay factores en común, entre ellos (el orden es simplemente enunciativo):

- Soledad, escasa vida social.
- Conflictos laborales.
- Aburrimiento.
- Rutina.
- Insatisfacción (con su cuerpo, con su poder adquisitivo, con su pareja, con su trabajo, etc.).
- Frustración (lo cual normalmente desemboca en celos y envidia).
- Relaciones interpersonales tóxicas.
- Escasos o nulos espacios de placer.
- Pensamientos negativos recurrentes.
- Baja autoestima.

10. *http://news.bbc.co.uk/hi/spanish/science/newsid_4970000/4970448.stm*

¿Cuáles son los denominadores comunes en las personas infelices? No es difícil hallarlos: sea cual sea la causa (o las causas) de infelicidad, estas personas viven marginadas del placer, del goce y del deseo. La mayoría de estas personas ¡no ríe!

Y el hecho de que no rían no es un tema menor.

Anatómicamente, la risa provoca la activación de más de un conjunto de músculos faciales. Esta activación hace que el organismo segregue endorfina, una sustancia que, a través de un proceso químico, "fluidifica las conexiones neurales", favoreciendo los procesos cerebrales de atención y comunicación.

Cuando un estímulo divertido ingresa a través de los sistemas sensoriales, la respuesta física es la risa; por lo tanto, se trata de una parte de la conducta humana controlada por el cerebro.

Otras sustancias naturales que genera la risa son similares a la morfina: producen placer y atenúan la sensación de dolor. Al mismo tiempo, estimulan el sistema inmunológico al aumentar la actividad de los linfocitos y otras células que combaten virus y bacterias.

¿Esto es todo?

No. Hay mucho más.

La risa sirve para levantar el ánimo, para estimular el sistema inmunológico, para incrementar la creatividad y la lucidez mental. Posee un efecto analgésico, crea un buen ambiente y predispone a una buena comunicación, relaja y reduce el estrés; consecuentemente, mejora la capacidad para pensar y tomar decisiones acertadamente.

¿Sus beneficios terminan aquí? Nuevamente, la respuesta es "no". ¡También ayuda a quemar calorías! Algunos investigadores sostienen que reír 100 veces durante el día es equivalente a hacer un ejercicio aeróbico durante 15 minutos en bicicleta, lo cual no es poco.

A nivel cerebral, cuando reímos se desencadena un complejo proceso que involucra tres mecanismos muy importantes: el pensamiento, el movimiento y la emoción. Cada uno de ellos activa determinadas áreas, incluyendo regiones prefrontales (involucradas en el proceso cognoscitivo y en el aprecio del humor), el área suplementaria motora (muy importante para el movimiento) y el núcleo accumbens (centro del placer).

Más aún: para que el organismo comience a liberar endorfinas es suficiente con "la mueca de la risa". No es necesario desternillarnos a carcajadas para lograr un estado de bienestar emocional.

La risa también puede ser inducida en forma artificial, y no me refiero

aquí a las cosquillas sino a un experimento realizado en la Universidad de California durante el cual se verificó que al estimular por medio de electrodos un área del cerebro (denominada área motora suplementaria) se generaba una sonrisa. A medida que la estimulación se iba intensificando, los participantes pasaban a la risa y, posteriormente, a la carcajada.

Para aprovechar los efectos positivos de la risa, esta no necesariamente debe ser genuina, como la que nos provoca una película, un libro o cualquier situación divertida en la vida cotidiana, y tampoco debe ser estimulada con electrodos.

Es suficiente con estirar la comisura de los labios y sonreír. Si usted se decide a probarlo, verá que este gesto le cambia el humor (algunos experimentos dan cuenta de que solo la mueca de la risa genera liberación de endorfinas).

❖ **Recuerde:**

- Si usted no es feliz, seguramente ríe poco.
- Si usted ríe poco, está afectando el desempeño de su cerebro.

Y lo más importante:

Los momentos felices son estados fisiológicos del cerebro que pueden ser generados por nosotros mismos.

Capítulo 7

¿Por qué fracasamos en el trabajo o la profesión?

Acceda al video mediante este QR
o en https://youtu.be/VtUAT6w05-s

Cómo ayudarnos con herramientas del neuroliderazgo

Temas destacados ·

1. El fracaso de gerentes y ejecutivos con alto cociente intelectual ha desconcertado a las empresas. Las herramientas desarrolladas por el neuroliderazgo contribuyen a evitar ese problema mediante la prevención (técnicas de neuroselección) y la formación (entrenamiento).

2. Dos de los aspectos más estudiados focalizan en las funciones ejecutivas del cerebro y el automonitoreo emocional.

3. De las funciones ejecutivas dependen habilidades que se reflejan en aspectos clave de la conducción y la gestión organizacional: toma de decisiones, planificación y definición de cursos de acción.

4. Del autoliderazgo emocional dependen el buen clima laboral, el impulso de la creatividad, la motivación y la productividad.

5. La ausencia de autoliderazgo emocional afecta en forma negativa el desempeño de las funciones ejecutivas.

6. En los gimnasios cerebrales se utilizan técnicas de avanzada para mejorar la performance de los líderes: revisión y cambio de hábitos, entrenamiento neurocognitivo y entrenamiento para el autoliderazgo emocional.

El mito de la razón y el cociente intelectual

Al rememorar mi propia experiencia como consultor en organizaciones de todo tipo y tamaño, puedo recordar varios nombres de hombres y mujeres con un cociente intelectual por encima de la media que, tarde o temprano, fueron removidos de sus puestos.

¿Qué es lo que ocurrió? ¿Qué es lo que no funcionó?

Después de todo, se trataba de personas con una memoria extraordinaria, veloces para analizar la información, muy capaces para manejar varios asuntos complejos al mismo tiempo… en definitiva, hombres y mujeres con una gran agilidad mental.

¿Por qué fracasaron?

Los trabajos del gran neurólogo contemporáneo Antonio Damasio (autor del famoso libro *El error de Descartes*) pueden ayudarnos, en parte, a hallar la respuesta.

Justamente, una de sus investigaciones más conocidas tiene que ver con un empresario que fue su paciente a raíz de un tumor cerebral que afectó la región ventromedial de su lóbulo frontal.

Luego de ser intervenido quirúrgicamente, se reintegró a su trabajo y, en el corto plazo, evidenció problemas para tomar decisiones acertadas. ¿Qué estaba pasando con el paciente?

Al estudiar detenidamente el caso, a Damasio le llamó la atención su insensibilidad: no se inmutaba cuando le presentaban imágenes horrorosas ni se conmovía ante situaciones extremas.

Analizando este caso y otros similares, llegó a la conclusión de que las decisiones que toman las personas en ausencia de emociones pueden ser "desastrosas" aun cuando se destaquen por sus habilidades cognitivas.

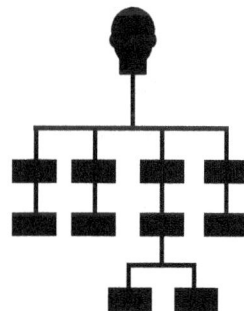

El error del paradigma cartesiano (corriente que ha tenido amplia aceptación en las empresas) fue presentar al individuo principalmente como mente, como razón, dejando como "algo" separado el cuerpo y las emociones.

Esto lo llevó a argumentar lo siguiente[1]:

- "El cerebro emocional se halla implicado en el razonamiento tanto como lo está el cerebro pensante."

---

1. Frases textuales de Antonio Damasio.

- "Es un hecho comprobado científicamente que la capacidad de sentir aumenta la eficacia del razonamiento, mientras que su ausencia la reduce."

Retomando lo que dije al principio, la neurociencia echa por tierra la idea, aún vigente, de que las emociones deben dejarse en la puerta antes de entrar a la oficina, y, más aún, evidencia que es crucial el papel de las emociones en la toma de decisiones exitosas.

El famoso caso presentado por Damasio y otros similares analizados con posterioridad prueban que, *para que un individuo sea efectivo en el rol de liderazgo y gerenciamiento de organizaciones, además de experiencia, conocimientos, inteligencia, creatividad y habilidades para generar contactos y relaciones, debe tener capacidad de sentir.*

> En la mayoría de los gerentes y ejecutivos que fracasan hay un denominador común: ausencia de liderazgo emocional e incapacidad para crear relaciones armoniosas, lograr el compromiso de la gente y superar circunstancias de alto estrés.

Por lo tanto, la incorporación a las organizaciones de hombres y mujeres que sorprenden por su capacidad de razonamiento abstracto, de lenguaje (y otras funciones consideradas parte del intelecto básico), debe incluir –en los procesos de selección y formación– un análisis exhaustivo de sus características emocionales, incluso a nivel neurológico.

¿Cómo hacerlo? ¿Puede ayudar el neuroliderazgo a instrumentar métodos que permitan bucear en esas profundidades?

La respuesta es: sí. Hoy es posible analizar el perfil neurocognitivo-emocional de un candidato y evaluar sus fortalezas y debilidades con técnicas de neuroselección. En el caso de las personas que ya forman parte de la organización y evidencian algunos problemas, pueden implementarse programas de entrenamiento para desarrollar las habilidades que se definan como necesarias. Para comprender los fundamentos y el alcance de esta disciplina comenzaremos, entonces, por analizar en qué consiste.

Neuroliderazgo: contenidos y aplicaciones

El neuroliderazgo puede conceptualizarse como una conjunción entre las teorías más avanzadas sobre el liderazgo y los últimos descubrimientos de las neurociencias aplicables a esas teorías.

Por un lado, proporciona las herramientas necesarias para seleccionar hombres y mujeres con un perfil neurocognitivo y emocional acorde al puesto que van a ocupar y, paralelamente, suministra un conjunto de metodologías para optimizar el desempeño de quienes ya forman parte de la organización. Ello implica el desarrollo de las capacidades cerebrales y la creación de ámbitos de trabajo que propicien la motivación, la creatividad, la armonía y el bienestar laboral.

Como en toda disciplina, los avances del neuroliderazgo dependen (en parte) de la investigación. Afortunadamente, algunos especialistas en neurociencias han manifestado interés en analizar cómo funciona el cerebro de los líderes e integrantes de equipos de trabajo, lo que ha permitido realizar trabajos muy interesantes en forma conjunta. Veamos algunos ejemplos:

¿Cómo percibimos? ¿Cómo procesa el cerebro la información? ¿Cómo razonamos? ¿Cómo aprendemos y memorizamos? ¿Cómo decidimos? ¿Qué ocurre en el cerebro cuando nos resistimos a los cambios?

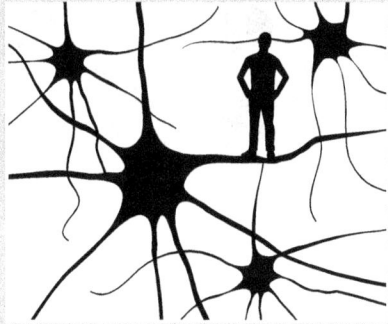

Al focalizar en el conocimiento y desarrollo de las capacidades cerebrales, el neuroliderazgo nos sitúa en otra perspectiva para crear organizaciones inteligentes.

- En la Universidad de Reading, Gran Bretaña, se emprendió una investigación para conocer cómo funciona el cerebro de los líderes exitosos durante los procesos de toma de decisiones. Así lo describe un artículo de la BBC: "Después de los preparativos finales a cargo de un equipo de científicos, el líder empresario británico (John Madejski) se acuesta en una camilla con ruedas y se introduce suavemente en un escáner de resonancia magnética. Pero John no está enfermo. El escaneo cerebral de 45 minutos es parte de un experimento único para tratar de averiguar si la ciencia puede aplicarse al estudio del liderazgo"[2].
Este empresario forma parte de un grupo de líderes que gentilmente aceptó participar en esa investigación, en la que, además de neurocientíficos, han intervenido profesionales expertos en gestión.
El grupo estuvo integrado por directores, ejecutivos de empresas y líderes en diferentes ámbitos, incluidas las fuerzas armadas. Mientras permanecían en el escáner, debían realizar una serie de ejercicios

---

2. *http://www.bbc.co.uk/news/business-11730685*. Los resultados de esta investigación aún no han sido publicados en la prensa.

especialmente diseñados para evaluar cómo procesaba su cerebro la información.

- En España, la escuela de negocios ESADE, en forma conjunta con la Arizona State University, realizó un trabajo similar para investigar las dinámicas neurológicas que se producen en la toma de decisiones en equipo[3].

  En este caso, los participantes fueron 160 alumnos del Máster en Administración de Empresas (MBA).

  La tecnología utilizada se denomina ABM (Advanced Brain Monitoring) y permite escanear varios cerebros en forma sincronizada mientras están en actividad (por ejemplo, cuando los participantes responden un test o resuelven problemas simulados).

> En neuroliderazgo, la aplicación de la tecnología en neurociencias es extraordinaria.
>
> No solo es posible escanear los cerebros de líderes en forma individual para investigar cómo funcionan, también se pueden escanear los de un equipo completo de trabajo mientras resuelven un mismo o varios problemas.

Estas investigaciones son sumamente interesantes, no solo para satisfacer el deseo humano relacionado con el conocimiento, sino también por sus enormes campos de aplicación.

Por ejemplo:

- Siempre supimos que los líderes son mayoritariamente personas optimistas. Luego de la *década del cerebro* y sus descubrimientos comenzamos a conocer (en parte) la base neurobiológica de esa característica tan importante del liderazgo.

  Se descubrió que el optimismo tiene su base en una zona de la corteza cingulada anterior que bloquea la acción de la amígdala, que es la estructura que interviene en nuestra vida emocional, fundamentalmente en el procesamiento del miedo. Si bien este proceso se da en la mayoría de las personas sanas, en el cerebro de los líderes el bloqueo es más

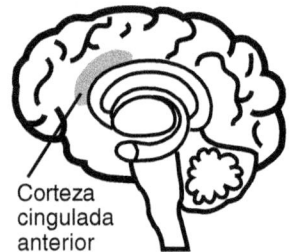

Corteza cingulada anterior

---

3. *http://www.mastermas.com/Noticias/html/N10242_F14052012.html*

potente, por ello el miedo no los afecta negativamente cuando toman decisiones[4].

- En el instituto de Neurología de la Escuela Universitaria de Londres se realizan constantemente investigaciones relacionadas con el optimismo que focalizan en la circunvolución frontal inferior del hemisferio izquierdo, una pequeña área que inhibe el efecto de las malas noticias[5].

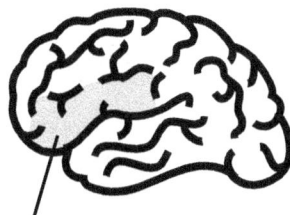

Hemisferio izquierdo: circunvolución frontal inferior

Estos avances tienen una enorme aplicación no solo en el liderazgo, sino también en varios campos de la actividad humana debido al rol de esta zona para evitar que los sucesos negativos alteren la percepción y los puntos de vista.

- Las neurociencias han comprobado con numerosos experimentos e investigaciones que el pensamiento positivo tiene un enorme poder para generar estados mentales que potencien el desempeño de las funciones ejecutivas del cerebro, lo cual se refleja en una mayor capacidad de procesamiento de la información, velocidad y acierto en la toma de decisiones.

En realidad, todos los niveles de análisis sobre el funcionamiento del cerebro tienen implicaciones en el liderazgo, ya que pueden traducirse en nuevas herramientas y metodologías de aplicación en las organizaciones.

Por ejemplo, hoy se conocen muchas de las bases neurobiológicas de la creatividad, la cooperación y la motivación dentro del trabajo, así como también las estrategias que deben adoptarse para evitar o minimizar circunstancias nocivas para el óptimo funcionamiento cerebral (caso de estrés e incertidumbre).

Asimismo, los nuevos descubrimientos contribuyen a explicar un sinnúmero de variables relacionadas con la conducta de las personas dentro de las organizaciones y, fundamentalmente,

Los verdaderos líderes son quienes tienen el cerebro preparado para decidir "sobre la marcha", en el momento.

Ya no hay tiempo para "imaginar escenarios" porque la velocidad con que cambian las circunstancias no lo permite. Tampoco hay tiempo para "estudiar el caso" y, mucho menos, para aplicar una solución "aprendida".

---

4. Srinivasan, Pillay (2011): *Your Brain and Business: The Neuroscience of Great Leaders.* FT Press.

5. *Proceeding of the National Academy of Sciences* (PNAS).

el porqué del éxito y del fracaso de los diferentes estilos de conducción y gerenciamiento.

En el presente capítulo trataré uno de los aspectos clave para el funcionamiento del cerebro de un líder: las funciones ejecutivas del cerebro.

El cerebro ejecutivo

Uno de los aspectos muy estudiados por el neuroliderazgo focaliza en las **funciones ejecutivas del cerebro**, que en este capítulo abordaremos en profundidad.

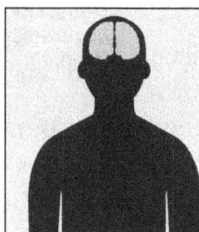

> Las funciones ejecutivas del cerebro son procesos cognitivos que organizan pensamientos, ideas y acciones y las dirigen hacia un fin determinado.
>
> Son esenciales para que una persona pueda vivir con autonomía y actúan como sustento de la personalidad, la conciencia, la sensibilidad y la empatía.

Algunos autores han definido estas funciones como procesos que asocian ideas simples y las combinan para resolver problemas de alta complejidad[6,7].

Principales procesos de los cuales depende el desempeño de las funciones ejecutivas

- Atención: focalizada, selectiva y sostenida.
- Habilidad visuoespacial.
- Memoria de trabajo y de largo plazo: retención y actualización continua de la información.
- Memoria procedural: por ejemplo, conducir, escribir sin mirar el teclado (automatismos).
- Motivación.
- Emociones, vida afectiva.
- Lenguaje.

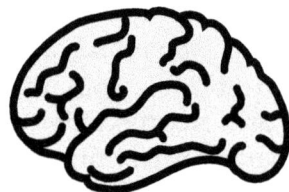

En palabras de Muriel Deutsch Lezak[8], a quien se atribuye la acuñación de los términos que se utilizan para conceptualizarlas, "las funciones ejecu-

---

6. Shallice, T. (1982): *Specific impairments of planning Philosophical Transactions of the Royal Society of London - Series B: Biological Sciences.* The Royal Society, Londres, pp. 199-209.
7. Estévez González, A. *et al.* (2000): "Frontal Lobes. The executive brain". *Revista Neurol* 31 (6): 566/577.
8. Neuropsicóloga estadounidense, autora de varios trabajos sobre evaluación y rehabilitación de personas con lesiones cerebrales.

tivas son las capacidades necesarias para llevar a cabo una conducta eficaz, creativa y socialmente aceptada".

De estas funciones dependen habilidades y acciones que son sumamente importantes en los procesos de toma de decisiones, como la elección de objetivos y el establecimiento de planes, la determinación de los cursos de acción (conducta) y la selección de los medios para lograr lo que nos proponemos. La autoevaluación y el autocontrol también dependen de un correcto funcionamiento de este sistema[9].

Cuando las funciones ejecutivas se alteran –por ejemplo, debido a una lesión cerebral provocada por un daño físico o una enfermedad–, las personas afectadas tienen enormes dificultades.

Puede ocurrir que no puedan concentrarse, que su comportamiento pase a ser errático y que cambie su personalidad (normalmente se vuelven irascibles).

Anatómicamente, las funciones ejecutivas son consideradas la actividad principal de los lóbulos frontales –más concretamente, de las áreas prefrontales–.

Como resultado del trabajo de esta zona y sus extensas conexiones con otras, entre las cuales se encuentran el núcleo amigdalino, el diencéfalo y el cerebelo, se constituyen las imágenes que forman nuestros pensamientos y permiten monitorear la información necesaria para tomar decisiones, esto es, para elaborar cursos de acción e implementarlos.

Algunos síntomas que revelan un mal desempeño de las funciones ejecutivas en personas sanas

- Distracción, dificultades para focalizar la atención y concentrarse.
- Problemas de memoria.
- Dispersión: inconvenientes para iniciar y finalizar una tarea.
- Problemas para manejar secuencias de información.
- Dificultades para establecer el orden temporal y el manejo del tiempo.
- Inconvenientes en la formulación de metas, planificación y ejecución.
- Impulsividad. Problemas para automonitorear la conducta.

Dificultades para tomar decisiones acertadas

---

9. Tirapu Ustárroz, J.: "Estimulación y rehabilitación de las funciones ejecutivas". Universidad Abierta de Cataluña. En: *http://es.scribd.com/doc/57770458/7-NeuroPsi-Estimulacion-Funciones-Ejecutivas*

En los procesos de toma de decisiones la corteza prefrontal tiene una función integradora: además de generar respuestas relacionadas con áreas motrices y sensoriales, recibe información del sistema límbico, lo cual le permite articular la información cognitiva con la emocional.

Asimismo, tiene conexiones recíprocas con el sistema reticular activador, involucrado en los procesos de atención sostenida.

Hilando lo hasta aquí expuesto llegamos a las siguientes conclusiones:

- *Un óptimo desempeño de las **funciones ejecutivas** es vital para el liderazgo. Estas funciones deben desempeñarse a pleno tanto en los líderes como en los integrantes de sus equipos.*
- *Las organizaciones de avanzada deben estar a la vanguardia en materia de técnicas que permitan mejorar estas funciones –por ejemplo, mediante programas dirigidos a optimizar la atención, la concentración y la memoria–.*
- *En todos los casos, debe evaluarse si existen interferencias de las emociones en el desempeño de las funciones ejecutivas, ya que la ausencia de autoliderazgo emocional las afecta en forma negativa.*

La influencia del cerebro emocional

Al inicio de este capítulo dijimos que en las empresas (lo mismo ocurre en algunos ámbitos educativos) continúa privilegiándose el pensamiento racional, y se trata como "algo" separado el cuerpo y las emociones.

Sin embargo, subrayamos, las neurociencias han demostrado innumerables veces que un correcto funcionamiento del cerebro emocional constituye un "insumo" importantísimo para mejorar la agilidad mental.

Las decisiones basadas únicamente en *inputs* emocionales, sin participación de los mecanismos cerebrales superiores, como el razonamiento, pueden conducir a errores difíciles de revertir.

El caso del empresario estudiado y presentado por Antonio Damasio (analizado anteriormente en este mismo capítulo) deja en claro que el funcionamiento neurocognitivo no es eficaz cuando existe ausencia de emociones. Asimismo, varias investigaciones en neuroliderazgo han puesto de manifiesto que los desequilibrios emocionales afectan el funcionamiento ejecutivo.

Asimismo, cuando un directivo recurre a la presión extrema pensando que ello hará que la gente se dedique más a sus tareas, lo que logrará es que se restrinjan las funciones ejecutivas de los integrantes de su equipo, con lo cual se corre el riesgo de que un área completa dentro de una organización se vuelva improductiva.

Neurociencia social: aplicaciones en neuroliderazgo

Las nuevas investigaciones en neurociencia proporcionan señales de alarma para las organizaciones en las que el mal clima y los liderazgos formales se encuentran enquistados, aun cuando desde hace años se les viene advirtiendo sobre las consecuencias nefastas de estos estilos.

De hecho, luego de la denominada *década del cerebro*, se han publicado varias investigaciones cuyos resultados no pueden ser ignorados: **las redes cerebrales que se activan ante un dolor emocional son las mismas que se activan ante un dolor físico**.

Por ejemplo, en 2005, un estudio realizado por Birgit Abler *et al.* detectó que cuando un individuo sufre se activan la ínsula anterior derecha y la corteza prefrontal ventral derecha.

Dado que ambas estructuras están implicadas en el procesamiento del dolor emocional, y también en el físico, es imprescindible que las empresas se ocupen de detectar los estilos gerenciales que generen estos estados y actuar en consecuencia[10]. Este fenómeno es muy visible en aquellas organizaciones donde, aunque parezca mentira, aún existen estilos de liderazgo autocrático.

Años atrás, las consecuencias de este estilo eran altos niveles de ausentismo y rotación entre el personal. En la actualidad, y debido a la recesión que caracteriza a la mayor parte de las economías en el mundo, cambiar de trabajo se ha convertido en una utopía, por lo cual muchas personas "resisten" en sus puestos con un alto grado de resentimiento o, lo que es peor, con angustia y miedo.

Dado que estos líderes tienden a utilizar la manipulación y la coacción para alcanzar las metas que se les exigen, el resultado de su gestión termina siendo nefasto.

En estos casos, la principal advertencia del neuroliderazgo es la siguiente:

El miedo es uno de los enemigos más poderosos del rendimiento cerebral

- Paraliza las funciones ejecutivas.
- Impone un bloqueo psíquico.
- Destruye la creatividad.
- Destruye la motivación.
- Desorganiza la conducta.
- Genera altos niveles de estrés.

---

10. Braidot, N. (2014): *Neuromanagement.* Ediciones Granica, Buenos Aires.

Día a día, las neurociencias confirman lo que siempre sostuvimos quienes comenzamos a estudiar estos temas mucho antes de la *década del cerebro* y sus descubrimientos: el mal clima organizacional destruye la motivación, la creatividad y la productividad.

Por esa razón (retomamos aquí lo que dijimos al principio), un líder intelectualmente brillante tiene una altísima probabilidad de fracasar si no es capaz de liderar sus emociones y crear un ámbito de trabajo caracterizado por el buen trato y la armonía, *aun cuando esté timoneando el barco en medio de una tempestad.*

El problema del estrés en las organizaciones

Sobre los daños que provoca el estrés en el cerebro hemos hablado extensamente en el Capítulo 5. En los ámbitos laborales dichos daños se multiplican, afectando negativamente el rendimiento colectivo.

Tenga muy presente lo siguiente:

Una organización estresada exige que todo se haga más rápido, generando un estilo de trabajo en "tensión constante".

Frente a ello, la "maquinaria del estrés" se pone en marcha, descargando sus acciones sobre el organismo en forma lenta, insidiosa y permanente.

La mayoría de los organismos no están preparados para enfrentar ese estilo.

¿Qué hacer?

Mi sugerencia es la siguiente:

1. "Tomar nota", esto es, registrar si en la organización existen focos con niveles importantes de estrés.
2. Liberar a la organización de los líderes que intimidan, coaccionan y propician situaciones de angustia y miedo generalizado.
3. Incorporar los gimnasios cerebrales. Son organizaciones especializadas en entrenar a las personas para que disminuyan el estrés y, paralelamente, optimicen su desempeño ejecutivo emocional.

Recapitulando

- El éxito de un líder no depende exclusivamente de la inteligencia lógico-matemática.
- Ningún "cerebro" podrá llevar adelante una gestión eficaz si no existe un equilibro armónico entre lo cognitivo y lo emocional.
- Las organizaciones deben desprenderse de los estilos de liderazgo que resultan nocivos.
- El neuroliderazgo cuenta con herramientas de gran potencial para evitar que las personas valiosas fracasen en sus roles de conducción.
- Los programas de entrenamiento para el autoliderazgo emocional liberan a las funciones ejecutivas de los frenos que imponen las emociones negativas.
- La angustia, la frustración y el estrés enferman a las personas y a las empresas; es imprescindible evitarlos.
- Las empresas de avanzada deben incorporar el gimnasio cerebral.
- Un verdadero líder es el que crea las condiciones para que los miembros de su equipo crezcan dentro de la organización, cultiva sus relaciones interpersonales, construye lazos de cooperación con los demás, logra persuadir y motivar y, eventualmente, contagia emociones de connotación positiva que funcionan como una vacuna contra el estrés en el ámbito de trabajo.

Capítulo 8

Neuroaprendizaje y neurocapacitación

Cómo se aplican estas técnicas en las organizaciones

Acceda al video mediante este QR o en https://youtu.be/8-7PVzvUnMo?list=PLImFjmfefD8IDEXf3CkFQqmvulFTSILN4

Temas destacados

1. La neurocapacitación apunta a potenciar las habilidades para aprender y, paralelamente, al desarrollo cerebral de las organizaciones en su conjunto.

2. La neuroplasticidad autodirigida es un hecho voluntario. Consiste en el desarrollo de habilidades para generar nuevas conexiones sinápticas durante toda la vida.

3. El aprendizaje modifica constantemente a la memoria. Neurológicamente, depende de la potenciación a largo plazo.

4. El aprendizaje explícito es el resultado de una intención consciente y es siempre intencional.

5. El aprendizaje implícito se va incorporando mediante un proceso de experiencia y retroalimentación. Permite que ejecutemos secuencias enteras de acciones sin detenernos a pensar que las estamos llevando a cabo.

6. El condicionamiento postulado por Ivan Pavlov es un tipo de aprendizaje asociativo. Se caracteriza por una respuesta automática desencadenada por una experiencia que, al repetirse, conduce a establecer relaciones entre dos estímulos.

7. En algunos experimentos se observó que cuando existe condicionamiento el cerebro no requiere activación de las zonas vinculadas con la motivación, solo exige la combinación de dos estímulos.

8. La habituación se caracteriza por una reducción de la respuesta ante un estímulo repetitivo, está estrechamente relacionada con el acostumbramiento y puede ser positiva o negativa.

9. La sensibilización hace que el cerebro intensifique su respuesta a un estímulo debido a que uno similar resultó intenso o nocivo en el pasado.

Uno de los factores decisivos en la explosión de conocimientos producida a partir de la *década del cerebro* ha sido la posibilidad de aplicar a diversos campos de la actividad humana los avances logrados en la comprensión de los procesos cerebrales.

La importancia de estas nuevas aplicaciones es de tal magnitud en materia organizacional que tanto los educadores como las modernas gerencias de Recursos Humanos y Capacitación se han sumado a esta gran innovación.

Sin duda, estamos transitando una era en la cual la extrapolación de los conocimientos de las neurociencias a las distintas profesiones se ha convertido en insoslayable. Más aún, en las organizaciones de avanzada ya no se habla de capacitación, sino de **neurocapacitación**, porque *las nuevas técnicas apuntan no solo a potenciar los procesos de enseñanza-aprendizaje en temas específicos sino también, y esto es relevante, al desarrollo del potencial cerebral de la organización mediante un proceso de **neuroplasticidad autodirigida**.*

Hacia la generación de neuroplasticidad autodirigida

Todo lo inscripto en la naturaleza fisiológica del sistema nervioso a través del aprendizaje predispone a las personas a actuar de determinada manera. En las organizaciones, la optimización de las habilidades requeridas para cada puesto de trabajo, en todos los niveles y sin distinción de jerarquías, depende, en gran parte, de la constancia para aprender y aplicar lo aprendido. De ello se trata, precisamente, la neuroplasticidad autodirigida.

NEUROPLASTICIDAD "AUTODIRIGIDA"

- Es modelar el cerebro por propia decisión.
- Consiste en el desarrollo de capacidades para generar nuevas conexiones sinápticas a través del aprendizaje y la experiencia.

En las organizaciones:

- Es optimizar las habilidades requeridas para cada puesto de trabajo, en todos los niveles y sin distinción de jerarquías.
- Depende, en gran parte, del trabajo con constancia para aprender y mejorar los mecanismos de memoria.

Por lo tanto, si queremos que nuestra organización trascienda la inmediatez del presente y se proyecte hacia el futuro, es imprescindible fomentar y potenciar al máximo las capacidades cerebrales de cada una de las personas que la conforman, en todos sus estratos jerárquicos.

❖ **Recuerde**:

En neurocapacitación, la estrategia no pasa por analizar e intentar prever circunstancias externas.

Pasa por la capacidad para enfocar las soluciones en el interior de la organización, incorporando programas que apunten al desarrollo del cerebro individual para construir un "cerebro organizacional" preparado para tomar las decisiones correctas en forma prácticamente instantánea ante cualquier circunstancia externa.

Precisamente, uno de los valores nucleares del neuroliderazgo es la capacidad para decidir sobre la marcha, porque la velocidad con que cambian los escenarios de negocios permite pausas muy breves, o ninguna.

Hoy por hoy, no existe materia prima más preciosa que el natural e inherente potencial del cerebro para aprender. Más aún, en toda expansión de la inteligencia, de la capacidad creativa, de la habilidad para percibir e interpretar las relaciones entre los hechos, están presentes los procesos de neuroeducación y neuroaprendizaje.

No hablamos aquí del concepto clásico de aprendizaje –es decir, del proceso de adquirir conocimientos en el transcurso de años y años de educación formal–, sino de **neuroaprendizaje**, porque aprender no es simplemente incorporar información, sino convertir esa información en conocimiento nuevo, útil para nuestra vida y para el crecimiento profesional y organizacional, y en ello consiste, precisamente, la neuroplasticidad autodirigida.

La capacidad de las organizaciones y de los individuos que las componen para aprender rápidamente y en forma sostenida constituye una de las mejores ventajas competitivas.

Ante una realidad cada vez más ambigua, la neuroeducación se convierte en un componente insoslayable de la estrategia.

El arte de aprender

Nuestros cinco sentidos son receptores especializados en información sobre el medio ambiente que nos rodea y, como tales, suministran al cerebro un conjunto de señales a las que este les otorga significado.

En el caso del aprendizaje, lo importante no es la información que recibimos, sino las modificaciones que los datos producen en nuestro entramado cerebral: los neurocircuitos que se generan y cómo estos cambios pueden influir ante situaciones similares en el futuro.

Así, y durante toda la vida, vamos aprendiendo infinidad de cosas, la mayoría de ellas sin realizar ningún tipo de esfuerzo consciente de retención: la información pasa a nuestros almacenes de memoria como un proceso natural que registra, en forma consciente y metaconsciente, todos los datos que alcanzan un determinado umbral de significación.

De este modo, voces, objetos, rostros, lugares, sonidos, imágenes, sensaciones, aromas y sabores se van incorporando a nuestro almacén de recuerdos junto a nuestras vivencias y las emociones que estas nos han provocado, e imprimen en nuestra memoria tanto las imágenes como las construcciones simbólicas que elaboramos.

Ahora bien: ¿por qué, cuando queremos hacer un viaje mental hacia el pasado, reciente o lejano, no todas las impresiones que hemos almacenado afloran con la misma fluidez?

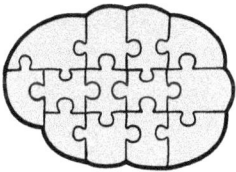

La neurocapacitación potencia la acumulación de conocimientos y estimula los mecanismos neurocognitivos a nivel grupal.

¿Por qué, cuando se trata de recordar algunos momentos de la infancia, los paisajes que disfrutamos en nuestras vacaciones, las películas de Chaplin o, simplemente, los libros que más nos gustaron, los recuerdos surgen a borbotones, mientras que, a duras penas, logramos rescatar algo de lo que estudiamos en primer año o de lo que dijo un expositor en el curso al que asistimos… la semana pasada?

El sentido común nos diría que no recordamos algunas cosas porque, simplemente no nos interesaron. Y esto es cierto. Sin embargo, más de una vez intentamos recuperar conceptos que aprendimos en la escuela o en la universidad porque los necesitamos en el presente, y no logramos hacerlo.

¿La falla está en nuestras capacidades cerebrales para procesar la información? ¿En el sistema de enseñanza-aprendizaje? ¿En nuestras habilidades para memorizar? ¿En las dificultades para prestar atención dada la vorágine de la vida cotidiana, que no nos permite concentrarnos en una cosa por vez?

La respuesta no es una sola. No es casual que la neurobiología sugiera que en estos mecanismos no solo el entorno en el que aprendemos, sino también las moléculas que intervienen en los procesos mentales superiores tienen su responsabilidad, y que la neuroeducación apunte a investigar cómo aprendemos y cómo deben transmitirse los conocimientos para que sean aprehendidos.

Durante mi experiencia como catedrático he comprobado que la información transmitida en forma exclusivamente oral, típica de los centros académicos tradicionales, deja huellas muy débiles en la memoria de largo plazo. Por eso muchos alumnos no pueden recordar lo que en algún momento supieron muy bien.

¿Cómo hacer para enseñar mejor? ¿Cómo hacer para aprender mejor? ¿Cómo actúan los mecanismos cerebrales que intervienen cuando incorporamos nueva información, la procesamos y memorizamos?

Con la idea de responder estas preguntas, que me hice durante años y años de dedicación a la formación de empresarios y gerentes y a la capacitación en empresas, comencé a investigar cómo podían aplicarse los avances de las neurociencias a este campo fundamental de la actividad humana.

Parte del resultado de este trabajo ha sido plasmado en mis libros, en los que analizo las principales diferencias entre el aprendizaje –es decir, la forma tradicional en que hemos ido incorporando conocimientos– y el neuroaprendizaje –que, a mi criterio, es la disciplina más prometedora para romper con el viejo paradigma e implementar los cambios que necesitamos para ser mejores educadores y mejores aprendientes–.

En los apartados siguientes resumiré los conceptos fundamentales del neuroaprendizaje.

Aprendizaje y memoria: dos caras de una misma moneda

Dado que la información nueva necesita ser relacionada con la ya existente –por ejemplo, para formar un concepto–, el aprendizaje depende de la memoria y, a su vez, la memoria no existiría si no tuviera lugar el aprendizaje.

A nivel funcional, el esquema sería el siguiente:

La memoria involucra la adquisición de información	En ella está inscripto todo lo que el ser humano necesita para comunicarse con los demás, realizar cálculos, andar en bicicleta, anudar una corbata o jugar al golf. Va estructurando la personalidad y, paralelamente, la forma en que cada individuo responde ante las situaciones que se le van presentando en la vida
El aprendizaje modifica constantemente la memoria	Cuando la información resultado del aprendizaje se inserta en las redes neuronales, se modifica la memoria.

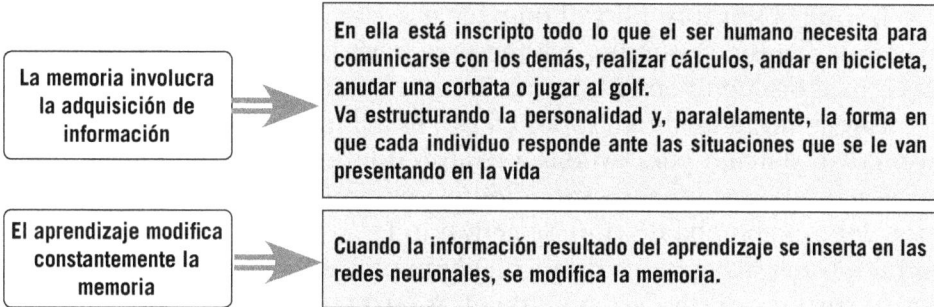

¿Cómo aprendemos?

En neurociencias muchos temas son motivo de discusión. Lo que prácticamente no se discute es que el gran científico Donald Hebb estaba en lo cierto cuando, hace más de cincuenta años, señaló que los recuerdos podían estar almacenados en modificaciones sinápticas y que estas modificaciones estaban distribuidas extensamente en el cerebro.

Las ideas hebbianas pueden resumirse en los siguientes conceptos:

Redes hebbianas

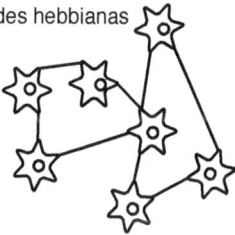

- La huella de un recuerdo fruto del aprendizaje se produce y se mantiene por medio de modificaciones celulares que primero trazan y luego consolidan la estructura de las redes neuronales.

- El aprendizaje se produce cuando trabajan en simultáneo dos neuronas conectadas entre sí.

- El funcionamiento en simultáneo es lo que permite la creación de redes neuronales y actúa como factor desencadenante en la formación de los recuerdos.

Según la teoría de Hebb, la fuerza de una conexión entre neuronas (sinapsis) se incrementa si las células conectadas se activan repetidas veces y en forma simultánea. De este modo, se van formando las memorias resultantes del aprendizaje.

Cabe destacar que cuando Hebb elaboró su teoría la ciencia no contaba con el equipamiento que existe en la actualidad para explorar los mecanismos cerebrales. Recién en 1973, cuando Bliss y Lomo presentaron su trabajo sobre el proceso de **potenciación a largo plazo** (PLP), la teoría de Hebb fue confirmada.

La PLP se define como un fenómeno relacionado con la comunicación entre neuronas de la que dependen el aprendizaje y la memoria. Por ello, su base molecular está siendo investigada intensamente.

Lo que observaron Bliss y Lomo fue que cuantas más veces experimentaba una célula el mismo estímulo, más fuerte se volvía la señal eléctrica, permitiendo a las células distinguir entre información nueva e información conocida.

Parece un tema difícil y, por cierto, es complejo. Recurriré, entonces, a un modelo sencillo para ayudar a comprenderlo: ante cada estímulo sensorial se activa la corteza correspondiente; por ejemplo, si su abuelo se acerca a usted con una botella de vino, se activarán las neuronas de su corteza visual, y si hace sonar la copa de cristal con algún utensilio antes de servirlo, se activará su corteza auditiva (además de otras estructuras relacionadas).

Cada vez que evoque la imagen de un buen tinto o de una copa de cristal comenzarán a trabajar las mismas neuronas que se habían activado cuando su cerebro registró por primera vez ambos objetos y la relación entre ellos. Si dicha experiencia generó una emoción profunda asociada, el momento se grabará en su memoria para siempre.

Los siguientes son los principales conceptos que el lector debe retener para comprender el fenómeno del aprendizaje a nivel neurológico:

- El aprendizaje depende de la potenciación a largo plazo, que es el mecanismo que traslada la información desde la memoria de corto plazo a la de largo plazo.

- La pérdida de memoria después del aprendizaje es enorme. Si bien durante una hora se puede retener la información que se acaba de adquirir (ya que el cerebro integra los nuevos datos), a este lapso le sigue una espectacular disminución tras la cual, al cabo de 24 horas, el 80% de los detalles puede haberse perdido.

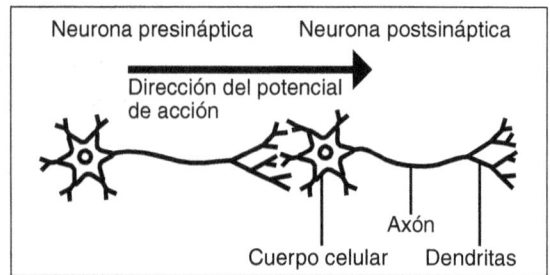

- El mantenimiento del aprendizaje (cuando no es emocional)[1] depende del grado de profundidad con que se haya procesado la información, así como de las repetidas recuperaciones que se hagan de los contenidos almacenados.

Del aprendizaje al neuroaprendizaje

Para comprender las bases neurobiológicas del aprendizaje y, fundamentalmente, qué significa *neuroaprendizaje*, es importante incorporar los cinco conceptos fundamentales que figuran en la gráfica siguiente:

---

1. El aprendizaje emocional es el más persistente y se fija de tal modo en la memoria que no se necesita de la repetición consciente para tenerlo presente.

NEUROAPRENDIZAJE

1

El aprendizaje está estrechamente relacionado con la neuroplasticidad.

5

El desarrollo de capacidades para generar nuevas condiciones sinápticas a través del aprendizaje y la experiencia permite vivir mejor en las sociedades modernas, donde predomina lo imprevisible.

2

La neuroplasticidad es el fenómeno mediante el cual el aprendizaje y la experiencia modifican continuamente el cerebro, ya sea en forma temporal o permanente.

4

La optimización de las capacidades cerebrales depende, en gran parte, del trabajo con constancia para aprender a aprender.

3

Todo lo inscripto en el sistema nervioso a través del aprendizaje predispone a las personas a pensar, sentir y actuar de una manera determinada.

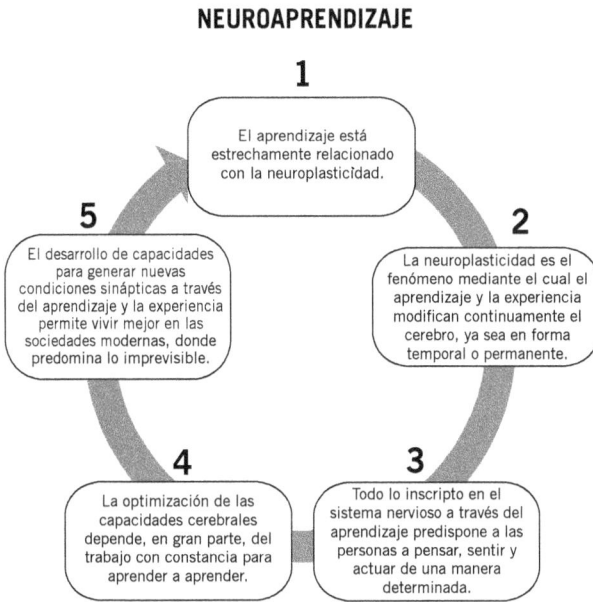

Los números que se observan en la gráfica son simplemente enunciativos, ya que se trata de conocimientos estrechamente relacionados que son, en realidad, hechos comprobados y constituyen la base del neuroaprendizaje. Este profundiza e indaga la enorme capacidad del cerebro para percibir, incorporar y agrupar gran cantidad de información en patrones neuronales y relacionarla.

La neuroeducación, que opera con técnicas de neuroaprendizaje, parte de una premisa: la mente humana no es una especie de disco rígido donde la información puede ser simplemente *colocada*. De hecho, ningún dato que ingresa al cerebro es neutro, sino que está teñido por la percepción, el contexto emocional y la información que se encuentra almacenada en los sistemas de memoria.

Por ello, todo programa de neuroaprendizaje debe investigar los modelos propios del entorno de quienes se desea que aprendan, y diseñar programas a medida para facilitar no solo la incorporación de información, sino también su transformación en conocimiento nuevo y aplicable en la vida cotidiana.

Aplicación en las organizaciones de las principales teorías sobre el aprendizaje

Las neurociencias han retomado parte de las teorías sobre el aprendizaje para explicar cuáles y cómo son (o pueden ser) los mecanismos biológicos que subyacen a las funciones cognitivas que estas disciplinas tratan de develar, incluidos los procesos de memoria. En su obra *En busca de la memoria,* uno de mis autores preferidos, Eric Kandel, dice lo siguiente[2]:

"Aunque el tamaño y la estructura del cerebro humano no se han modificado desde la aparición del Homo sapiens*, en África oriental, hace unos 150.000 años, la capacidad de aprendizaje de los individuos y su memoria histórica se han incrementado a lo largo de los siglos en virtud del conocimiento compartido."*

En la actualidad, la convergencia de la neurobiología (Kandel ganó el Premio Nobel de Medicina en el año 2000) con otras ciencias que estudian el fenómeno del aprendizaje, fundamentalmente la psicología, estaría dada por el interés en explicar no solamente cómo incorporamos nuevas habilidades, sino también cómo se constituyen los significados.

Esto es: cómo se aprenden y retienen los nuevos conceptos y cuáles son las bases neuronales que subyacen a estos procesos.

El aprendizaje explícito

Los términos explícito e implícito, cuando se aborda el tema del aprendizaje, se refieren a los fenómenos conscientes y no conscientes, respectivamente, que operan durante los procesos mediante los cuales adquirimos conocimientos, experiencias y habilidades.

> El *aprendizaje explícito* es el resultado del *pensamiento consciente* y es siempre *intencional.* En términos de Dienes y Perner, es "saber que se sabe", lo cual connota que, a diferencia del implícito, el aprendizaje explícito es siempre controlable.
>
> En las organizaciones constituye la principal herramienta para la acumulación de conocimientos sobre cómo ejecutar determinadas tareas y, fundamentalmente, para la construcción de sus competencias esenciales.

---

2 Kandel, E. (2007): *En busca de la memoria: el nacimiento de una nueva ciencia de la mente.* Madrid, Katz Editores.

Esto se debe a que el conocimiento explícito no es generado por el contexto sino por los individuos, en el sentido de que son estos quienes deciden qué aprender. Cabe destacar aquí que, si bien el aprendizaje de cualquier tarea que luego se transforme en una destreza también es intencional y, al principio, requiere de la atención consciente, no puede considerarse explícito debido a que, una vez que lo aprendido ha sido codificado en la memoria de largo plazo, comienza a ejecutarse de manera rutinaria, es decir, implícitamente.

Por si el lector no leyó el excelente libro de Hamel y Prahalad *Compitiendo por el futuro*, le apunto que el concepto de *competencia esencial* refiere –en palabras de estos autores– a un "conjunto de cualificaciones y tecnologías que permiten a una compañía ofrecer un beneficio que sea percibido como único por sus clientes"[3]. En la miniaturización de teléfonos celulares, en la atención personalizada de empresas como Dell Computers, en la logística de Visa o de Federal Express (que son competencias esenciales en diferentes áreas) está implícito el aprendizaje explícito (valga la redundancia).

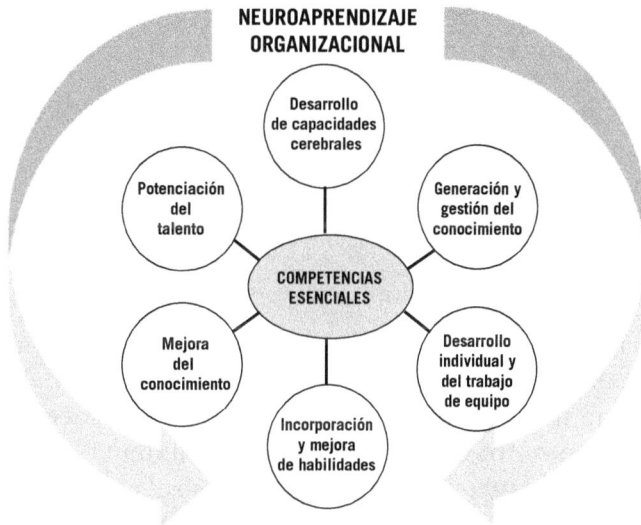

NEUROAPRENDIZAJE ORGANIZACIONAL

Desarrollo de capacidades cerebrales

Potenciación del talento

Generación y gestión del conocimiento

COMPETENCIAS ESENCIALES

Mejora del conocimiento

Desarrollo individual y del trabajo de equipo

Incorporación y mejora de habilidades

Como la adquisición de competencias esenciales requiere del aprendizaje acumulativo para que podamos hacer cada día mejor lo que mejor sabemos hacer y, al mismo tiempo, explorar nuevas opciones, el conocimiento acumulado resultante del aprendizaje explícito se constituye en un capital cerebral que supera varias veces el valor de los activos tangibles.

Y si en el párrafo precedente hemos utilizado la expresión "nuevas opciones" no lo hemos hecho por casualidad: la mera acumulación de conocimientos relacionados con un determinado tipo de competencia esencial no es suficiente. Por ello, cuando sostenemos que el aprendizaje explícito es un activo estratégico incluimos también la capacidad de aprender a aprender, y esto es muy importante.

---

3. Hamel G. y Prahalad C.K. (1994): *Compitiendo por el futuro*, Ariel, Barcelona.

Durante nuestra gestión como consultores, es común que nos encontremos con personas desanimadas porque la empresa para la que trabajan desaprovecha su talento y su inherente potencial para el aprendizaje (en los casos más benignos), o lo minimiza, descalifica o simplemente desconoce (en los de mayor gravedad).

Lamentablemente, son demasiadas las organizaciones que desestiman la capacidad de su gente aun cuando sus propios ejecutivos asisten a seminarios donde se analiza en profundidad el tema de la sociedad del conocimiento y se insiste en la importancia del aprendizaje explícito como capital intangible.

Lo decepcionante es que, a pesar del rol activo que los participantes tienen en estos seminarios, cuando vuelven a sus empresas no cambian de actitud. ¿Por qué sucede esto? ¿Es tan fuerte la "vieja" cultura que no pueden contra ella? ¿O no quieren? ¿O no tienen tiempo? En este punto es importante destacar lo siguiente:

Trabajar no significa, por definición, vivir soportando dosis elevadas de presión y estrés.

Trabajar es, sobre todo, promover la capacidad de aprendizaje explícito del equipo, dotando de sentido y significado a la tarea que se realiza.

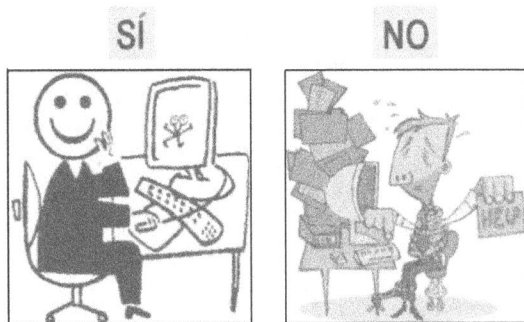

Por lo tanto, si aspira a lidiar eficazmente con una realidad sumamente compleja como la actual, toda organización que pretenda ser exitosa deberá elegir individuos mentalmente flexibles, abiertos, receptivos, capaces de aprender de la experiencia, contentos con su trabajo y, fundamentalmente, promover un cambio cultural que haga factibles estos procesos.

Otro aspecto importante que atañe al aprendizaje explícito tiene que ver con la autorregulación emocional. Si esta expresión le suena fuera de contexto, le contamos que *no es posible trabajar para autoliderar las emociones si no existe una decisión consciente de aprender a hacerlo.* Y este no es un desafío menor. De hecho, aprender a ser empático e internalizar esta habilidad como una respuesta natural y espontánea hacia las personas es mucho más difícil que volverse diestro en la liquidación de haberes o en el análisis de costos.

Sin embargo, los programas de aprendizaje emocional explícito han puesto de manifiesto, sobre la base de los resultados extraordinarios obtenidos, que si la meta de un ejecutivo es convertirse en un auténtico líder, podrá lograrlo si posee motivación y entusiasmo para ello. Sin duda, la llave que abre las puertas al aprendizaje explícito y, en consecuencia, a la consolidación del saber, es la voluntad de avanzar en este camino.

Aprendizaje explícito y neurocapacitación

La capacitación de las personas es un proceso estructurado de aprendizaje explícito que apunta al logro de la excelencia en los diferentes puestos de trabajo dentro de una organización. Como su nombre lo indica, al ser consciente y voluntario, el aprendizaje explícito es, también, fruto de una decisión individual. En este sentido, para que un proceso de capacitación tenga éxito es requisito fundamental un óptimo nivel de motivación y compromiso de los participantes con el programa. Para eso, es necesario implementar una metodología que dé protagonismo al que aprende, es decir, que lo coloque en el centro del proceso.

A riesgo de pecar de redundantes, subrayamos que:

- el aprendizaje explícito implica voluntad;
- la voluntad necesita motivación;
- la motivación puede generarse ayudando a los miembros de la organización a percibir la utilidad del aprendizaje;
- al aprender a aprender, las personas pueden expandir al máximo su potencial.

Siguiendo la principal premisa del paradigma sistémico que sostiene que "el todo es más que la suma de las partes", cabe subrayar que, dentro del mundo organizacional, la inteligencia del equipo muchas veces supera la inteligencia de sus integrantes por separado.

Asimismo, para que el aprendizaje en equipo sea una realidad, es necesario el esfuerzo de cada uno de los miembros para hacer a un lado sus esquemas mentales singulares que puedan entorpecer el libre acceso a un auténtico pensamiento grupal y que redunde, a su vez, en una visión compartida de la organización y la realidad toda, de cara a los problemas y las vicisitudes que pudiera deparar el futuro.

❖ **Recuerde**:

Cuando los miembros de un equipo comparten ideas para afrontar las diversas situaciones propias de la vida laboral, pueden desempeñarse con mayor pericia en el momento de resolver un problema determinado, ya que las creencias compartidas acerca de la realidad actúan como herramienta de cohesión del grupo. Muy por el contrario, cuando la construcción social de la realidad no es compartida, se dificulta la apertura al aprendizaje explícito y la puesta en marcha de acciones comunes.

El aprendizaje implícito

El aprendizaje implícito se va incorporando mediante un proceso de experiencia y retroalimentación durante el cual generamos una especie de competencia no consciente: una vez que hemos aprendido, no nos detenemos a analizar cómo resuelve nuestro sistema nervioso los problemas que se nos van presentando.

Por ejemplo, al aprender a andar en bicicleta, casi siempre vamos mejorando progresivamente hasta adquirir la habilidad necesaria para mantener el equilibrio, avanzar y detenernos sin caer. Una vez que hemos aprendido, nuestra mente no consciente se ocupa de dirigir nuestros movimientos sin que tengamos que ocuparnos de la coordinación de cada uno de ellos.

Antes de avanzar con la lectura, le propongo que observe el gráfico siguiente para poder distinguir más rápidamente las principales características de los tipos de aprendizaje que estamos abordando.

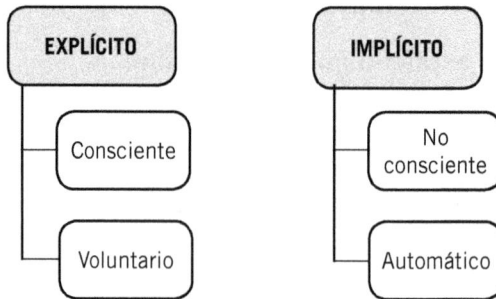

EXPLÍCITO	IMPLÍCITO
Consciente	No consciente
Voluntario	Automático

Las primeras teorizaciones sobre estos procesos datan de 1890, cuando William James explicaba que, al aprender a realizar una tarea, debemos pensar conscientemente qué hacer; luego, a medida que vamos avanzando, la conciencia se va desplazando hasta llegar a un punto (cuando la hemos aprendido) en que llevamos a cabo automáticamente la acción.

Paul Smolensky, un psicólogo conexionista, fue más allá de la simple automatización. En la década de los '90, analizó cómo los procesos conscientes se convierten en acciones intuitivas. Para eso, distinguió dos niveles: el *procesador consciente*, que interviene cuando pensamos en la tarea que estamos aprendiendo, y el *procesador intuitivo*, que interviene cuando la dominamos.

Los autores Dreyfus y Dreyfus lo explican de la siguiente manera: cuando un piloto novato se convierte en un piloto experto, el despegue se vuelve automático (no necesita pensar paso a paso qué hacer). Al estar tan familiarizado con su avión (porque ha aprendido), vuela sin involucrar su pensamiento consciente. Si bien este es un ejemplo que puede llamar la atención (sobre todo a los que sinten miedo de volar), muchas de las actividades que realizamos diariamente tienen lugar de un modo automático y ajeno a la conciencia.

Por ejemplo, cuando escribimos en el ordenador, no nos detenemos a pensar con qué dedo pulsamos cada tecla.

Los automatismos, que son resultado de procesos de aprendizaje implícito, permiten que ejecutemos secuencias enteras de acciones sin detenernos a pensar que las estamos llevando a cabo.

Como vemos, el aprendizaje implícito no se restringe al campo de las destrezas que hemos decidido aprender, sino que abarca también todo el conocimiento que hemos adquirido sin mediación de algún tipo de intención consciente.

Esto significa que hay muchas cosas que aprendimos sin haberlas emplazado nunca en nuestra mente; sin embargo, influyen a lo largo de nuestra vida sin que nos demos cuenta de este proceso y, sobre todo, resisten el paso del tiempo. Precisamente, una de las características del conocimiento implícito es que es **muy perdurable**, no solo porque sobrevive a lesiones cerebrales que afectan los mecanismos de la memoria, sino también porque comienza a desarrollarse apenas venimos al mundo y resiste el deterioro que provoca el envejecimiento.

Para analizar cómo incorporamos este tipo de aprendizaje, los investigadores utilizan básicamente dos técnicas: la percepción subliminal (emisión de estímulos por debajo del umbral de conciencia) y la percepción supraliminal (emisión de estímulos por encima del umbral de conciencia).

Por lo general, se recurre al condicionamiento (presentando el estímulo neutro de manera subliminal) o a la enseñanza de tareas que se caracterizan por relaciones complejas entre estímulos (en el caso de la percepción supraliminal). Lo que se busca, siempre, es evitar que parte de la información sea percibida conscientemente.

Sin embargo, a pesar de sus mecanismos no conscientes, hay quienes opinan que, aun cuando el aprendizaje implícito es producto de procesos asociativos automáticos que operan con independencia de la cognición, es necesaria la memoria operativa para, en un determinado momento, asociar los elementos que se emplazan en la conciencia.

Otras posiciones, en cambio, defienden que aprendemos sin necesidad de prestarles atención selectivamente a los estímulos. Nosotros creemos que ambas posturas son acertadas: si bien el aprendizaje de destrezas (que exige la coordinación de movimientos) y el perceptivo (que registra información en las profundidades de la mente) son implícitos, no presentan las mismas características.

Con respecto al primero, un buen ejemplo es la práctica de un deporte: si hemos aprendido a jugar al golf, lo hemos hecho en forma intencional y, aun cuando no nos detengamos a pensar en las reglas o en cuál es la posición adecuada para un golpe, es cierto que necesitamos de la memoria operativa para elaborar estrategias durante el juego.

En este sentido, la práctica constante genera una especie de *sobreaprendizaje.*

Si bien un golfista experto no se detiene a pensar, sino que ejecuta muchos de sus movimientos en forma metaconsciente, cada vez que se le presenta alguna dificultad debe poner en funcionamiento su memoria operativa para enfocar la mente, aunque sea durante segundos, en seleccionar los movimientos más adecuados.

Con respecto a la segunda postura, también es cierto que gran parte de lo que aprendemos se halla sometido a influencias que no podemos percibir. Un buen ejemplo de esta observación es una investigación publicada en 1980 en la que se revela que un grupo de personas expresó una notable preferencia por los octógonos irregulares luego de haber sido expuestas a estas figuras geométricas en forma subliminal, es decir, sin tener conocimiento consciente de ello[4].

Además de estos ejemplos de percepción no consciente, para comprender mejor el aprendizaje implícito pensemos, también, en la enorme cantidad de datos de la realidad que incorporamos sin intención de hacerlo.

Usted seguramente sabe cómo distinguir un policía de un militar a partir de sus uniformes; sin embargo, ¿le ha interesado alguna vez este tema en particular? Si su respuesta es "no", tiene un buen ejemplo de aprendizaje implícito no intencional.

Aprendizaje asociativo en las organizaciones: el condicionamiento

Abordamos esta teoría por su enorme importancia para comprender el comportamiento de las personas, tanto en su rol de consumidores como en su conducta cuando forman parte de una organización; y, al mismo tiempo, porque la mayoría de los avances en el estudio de los mecanismos biológicos de la memoria y el aprendizaje se basan en lo que Kandel denomina "los

---

4. Ballesteros, S. (1998): "¿Existen procesos afectivos no conscientes? Evidencia a partir del efecto de la mera exposición y del *priming* afectivo". En *Psicothema*, Vol. 10, N° 3, pp. 551-570.

protocolos conductistas de Pavlov" (que él intentó traducir en protocolos biológicos).

Al fin y al cabo, dice Kandel, la habituación, la sensibilización y el condicionamiento descriptos por Pavlov son, en esencia, una serie de instrucciones sobre el modo en que debe presentarse un estímulo sensorial, aislado o en combinación con otros, para que se produzca el aprendizaje.

Comencemos, entonces, por aprender (o rememorar) en qué consiste el condicionamiento.

> **La palabra "condicionado" remite, básicamente, a una respuesta automática determinada por una experiencia que, al repetirse, conduce a asociar o establecer relaciones entre dos estímulos.**

Por ejemplo, cuando el aroma del pan recién horneado *nos hace agua la boca*, cuando la publicidad nos estimula para asociar un producto con una situación placentera o cuando temblamos si nos llaman de la dirección de la empresa en épocas de reestructuración porque antes, en una situación similar, estuvimos en la lista de los que tuvieron que irse.

El principal exponente del condicionamiento fue el científico soviético Ivan Pavlov, cuyo experimento más conocido suele denominarse "los perros de Pavlov", en el que utilizó como elementos estas mascotas, alimentos y una campana.

Pavlov observó, cuando experimentó con tocar la campana segundos antes de alimentar a los perros, que al cabo de un cierto tiempo estos comenzaban a salivar tan pronto como la oían tañir, aun cuando el alimento no estuviera presente. Esto lo llevó a diferenciar dos tipos de estímulos: el condicionado, que produce una respuesta débil, y el no condicionado, que genera una respuesta consistente.

En el experimento, la campana introducida artificialmente (estímulo condicionado) se asociaba con el alimento (estímulo no condicionado), y la respuesta condicionada era la conducta del perro que reaccionaba salivando con solo oír el tañido.

En 1940, el gran científico americano Donald Hebb trató de explicar cómo opera el condicionamiento a nivel neuronal. Su investigación demostró que, cuando se activaban los receptores sensoriales de los ojos y la nariz (el sentido de la vista y el olfato), se estimulaban otras neuronas a través de conexiones sinápticas y, eventualmente, la señal llegaba a las neuronas de la corteza.

Este mecanismo activaba la salivación, y otras neuronas relacionadas con el sentido del oído establecían conexiones débiles (vía sináptica) con las neuronas corticales. Si el sonido de la campana coincidía con la visualización del alimento, las señales de ambos conjuntos de neuronas sensoriales llegaban a las neuronas corticales al mismo tiempo. Eventualmente, las sinapsis de los nervios auditivos se fortalecerían hasta que el sonido de la campana fuera suficiente como para que el perro salivara.

Eric Kandel, en su formidable libro sobre la memoria publicado en 2007, relata un experimento similar realizado en la Universidad de Michigan por Robert Doty, quien demostró lo siguiente:

Cuando existe condicionamiento, el cerebro no requiere activación de las zonas vinculadas con la motivación, solo exige la combinación de dos estímulos.

Por lo tanto, el aprendizaje asociativo se revela cada vez que, en función de nuestra experiencia, vinculamos dos sucesos que normalmente ocurren juntos, aun cuando estén relacionados temporalmente o por casualidad –por ejemplo, cuando asociamos la llamada inesperada del director con un despido porque hemos sido "marcados" por los procesos de reingeniería que vivimos en el pasado–.

Las primeras experiencias, mediante las cuales se forman estas asociaciones, generan cambios en el cerebro, lo que evidencia que muchos sucesos que comienzan como psicológicos, como la angustia o el placer que provocan ciertas vivencias, terminan generando una respuesta biológica.

Veamos cómo es este proceso utilizando un ejemplo más feliz que el que proporciona la reingeniería empresaria: cuando un dato de la realidad ingresa por el sistema perceptual y pasa a la memoria de largo plazo, se genera un patrón de actividad neuronal. Como este patrón se almacena mediante la asociación de datos (imaginemos el maní, su aroma, la imagen de los granos, las mejores marcas), el registro de un solo estímulo vinculado con el maní dispara actividad en el resto de la red.

Por lo tanto, y al igual que los perros de Pavlov que salivaban al escuchar la campana, a los humanos se nos hace agua la boca ante la percepción de un aroma que anuncia algo delicioso, como el maní recién tostado, o, a la inversa, solemos sentirnos muy angustiados ante sucesos que, en el pasado, estuvieron asociados con algún tipo de infortunio, aunque no lo estén en el presente.

Otro fenómeno muy interesante que explica esta teoría, y que resulta de gran utilidad para el management, es el de la extinción del condicionamiento: cuando este se ha generado y se produce la presentación repetida del estímulo condicionado sin que vaya seguido del estímulo incondicionado, la respuesta condicionada va desapareciendo gradualmente.

En el caso de los perros de Pavlov, si los animales tienen asociado el tañido de una campana con el momento en que reciben sus alimentos, y la señal se presenta luego varias veces sin que este se les sirva, gradualmente dejarán de salivar al oír ese sonido.

En el ámbito de las organizaciones, lo que se enuncia pero no se cumple sin que medie ningún tipo de debate ni de explicación sobre el porqué, termina por "extinguirse" y convertirse en el típico *laissez faire*.

En un ámbito de consumo, podríamos observar lo siguiente: si un cliente asocia la calidad con una marca por efecto de la estrategia de marketing, y luego de comprarla varias veces comprueba que tal calidad no existe, esta asociación se extinguirá y entonces se inclinará hacia la competencia.

Cabe destacar que *extinción* no es lo mismo que *olvido*, porque no implica borrar un recuerdo, sino aprender algo nuevo. Por ejemplo, cuando una marca no cumple con su promesa, el cliente decepcionado aprende que no tiene que volver a adquirirla; asimismo, cuando una empresa no cumple con lo que promete a sus empleados, estos pierden interés en alcanzar los objetivos, pues ahora saben que sus esfuerzos no son compensados como fue anticipado.

Es posible que este fenómeno esté asociado a una sensación de frustración acompañada por una reacción emocional negativa frente a las ansias de recompensa.

Con una perspectiva neurocientífica, numerosos estudios han comprobado que en los casos de frustración tiene lugar la activación de la ínsula anterior derecha y de la corteza ventral prefrontal derecha –curiosamente, las mismas estructuras que participan en el procesamiento del dolor, tanto emocional como físico–.

Aprendizaje no asociativo en las organizaciones: habituación y sensibilización

La habituación

Técnicamente, la **habituación** se caracteriza por una reducción de la respuesta ante un estímulo repetitivo y, tal como su nombre lo indica, **está estrecha-**

mente relacionada con el acostumbramiento. Por ejemplo, si nos mudamos del conurbano a un barrio céntrico de la ciudad para evitar el largo viaje hasta la oficina, a medida que avance el tiempo nos iremos acostumbrando progresivamente a determinados ruidos de la urbe y dejaremos de registrarlos.

En las empresas, el conocimiento de los mecanismos de la habituación es esencial para actuar en sentido contrario, esto es: promover ámbitos de trabajo ricos en variedad de estímulos.

Ello se debe a que el cerebro deja de responder ante la repetida presentación de un mismo estímulo sensorial o estímulos similares.

De todos modos, es muy importante tener en cuenta que la habituación tiene tanto un costado negativo como un aspecto positivo:

	POSITIVA	Consolida rutinas que facilitan la ejecución sistematizada y eficaz de determinadas tareas que pueden convertir a las personas en expertas dentro de un área de desempeño.
HABITUACIÓN	**NEGATIVA**	Propicia cierto grado de embotamiento cognitivo que atenta contra la creatividad, el pensamiento lateral y la motivación.

Dado que el cerebro se desarrolla, expande su arborización dendrítica y sus conexiones sinápticas cuando se mantiene fuera de las rutinas que llevan a automatismos cognitivos y comportamentales, las organizaciones deben hacer todo lo posible para alejar a las personas de la habituación.

❖ **Recuerde**:

Un ambiente de trabajo estimulante mantiene al cerebro en forma, así como la práctica regular del deporte combate el sedentarismo y promueve el bienestar físico.

Por el contrario, un cerebro habituado es un cerebro inactivo.

Cuando, dentro de una compañía, el fenómeno de habituación se propaga en áreas donde no es necesario, se asientan las bases para el estancamiento intelectual y creativo. El resultado es una organización pasiva, confortablemente adormecida y poco competitiva.

La sensibilización

En sentido opuesto a la habituación opera otro mecanismo cerebral, el de la sensibilización, que se conoce también como "pseudocondicionamiento". En vez de pasar por alto un estímulo, la sensibilización hace que el cerebro intensifique su respuesta debido a que antes un estímulo similar resultó intenso o nocivo.

Por ejemplo, cualquier persona se puede alterar si escucha, de repente, un sonido similar al de una bomba. Del mismo modo, quienes han tenido la horrible experiencia de presenciar un tsunami tenderán a correr apenas noten una variación en el movimiento de las olas del mar, y ni hablar de quienes viven cerca de un volcán: apenas oyen un sonido fuera de lo normal en las montañas, sus alertas internos se activan.

Si bien estos ejemplos refieren a casos extremos, nos sirven para explicar el valor que tiene para la supervivencia este tipo de aprendizaje implícito: al archivarse en el cerebro bajo la forma de temor aprendido, la sensibilización es un poderoso recurso para alejarnos de los peligros.

Piense, por ejemplo, que usted debe reunirse con un cliente en los Estados Unidos; se encuentra caminando por la Quinta Avenida, en Nueva York, y, de repente, se produce un apagón. Estar rodeado de gente en una gran ciudad es algo muy común, sin embargo, en ese momento siente mucho miedo, tal vez por la información almacenada en su memoria sobre los delitos que suelen cometerse en este tipo de situaciones.

En este caso, el estímulo intenso está representado por el apagón, y la sensibilización, por la cadena de respuestas que seguramente manifestará ante cualquier movimiento que, cuando había luz, ni siquiera hubiera notado.

Ahora bien:

> A diferencia de la habituación, que produce una disminución de la transmisión sináptica en las neuronas sensoriales, la sensibilización implica el aumento de la transmisión sináptica.

En síntesis

Habituación y sensibilización son formas de aprendizaje parecidas, pero opuestas, que se reflejan en **modificaciones en la eficiencia sináptica**. Por ello, muchas formas de aprendizaje y de memoria de corto plazo están relacionadas con cambios en la funcionalidad sináptica.

Se ha descubierto que un determinado conjunto de conexiones sinápticas puede modificarse en sentido opuesto a partir de formas distintas de aprendizaje: *la habituación atenúa la sinapsis, mientras que la sensibilización y el condicionamiento la refuerzan.*

En la actualidad, las bases neurobiológicas del aprendizaje constituyen una especie de hervidero como tema de investigación. Se espera que, con ayuda de los nuevos métodos de acceso a las estructuras cerebrales, fundamentalmente las técnicas de neuroimagen, puedan corroborarse varias hipótesis explicativas.

De momento, la neurociencia ha descubierto que muchas de las funciones sensoriales, motoras y cognitivas relacionadas con el aprendizaje siguen varias vías neurales, que la misma información se procesa en paralelo en distintas regiones del cerebro y que, cuando se lesiona una estructura determinada, como el hipocampo, la persona afectada tiene grandes dificultades para aprender.

Sin duda, el desarrollo de la neurobiología es un gran punto de partida para el estudio del aprendizaje: luego de los descubrimientos de la Dra. Brenda Milner se llegó a la conclusión de que determinadas regiones del cerebro son necesarias para determinados tipos de memoria y, consecuentemente, para determinados tipos de aprendizaje.

A ello debemos sumarle el convencimiento de que el aprendizaje modifica la intensidad de las conexiones sinápticas entre las neuronas y que, si hay muchas formas de aprendizaje, se debe a que existen distintos perfiles y combinaciones de estímulos y que estas distintas combinaciones originan tipos de almacenamiento diferentes entre sí.

Más aplicaciones en la vida organizacional

La repetición aleatoria o arbitraria de un estímulo que provoque aversión entre los miembros de una compañía puede generar alteraciones en el humor, la motivación, el desempeño y el compromiso con la organización.

Por ejemplo, las dificultades de algunos gerentes para asumir que de los errores se aprende suele llevarlos a aplicar castigos injustos a quien se equivoca. Estos castigos suelen consistir en la pérdida de premios y la marginación en épocas de ajustes salariales o ascensos.

La consecuencia es la generación de un estado de sensibilización que, invariablemente, y como una especie de círculo vicioso, repercutirá negativamente en el rendimiento del empleado que fue sancionado por el "delito" de equivocarse.

En estos casos, la sensibilización (como refuerzo de neurocircuitos que participan en el miedo) propicia cuadros de ansiedad y estrés que dejan a la persona afectada en una condición de vulnerabilidad emocional tal que puede interferir negativamente en sus procesos mentales más complejos, y alterar así su capacidad para la resolución de problemas y la toma de decisiones.

En un contexto como el descripto, por cierto muy frecuente en las organizaciones, la sensibilización opera como un fenómeno que facilita la aparición de la angustia y la hipervigilancia. El individuo queda, sin proponérselo, selectivamente atento a posibles señales de peligro, ya que su lugar de trabajo se ha convertido en un ámbito poco seguro y confiable.

Este estado de susceptibilidad psicológica está mediado por un proceso de sensibilización signado, a su vez, por la imposibilidad de anticipar un clima laboral relajado y contenedor. Sin duda, la percepción de estar a merced de sucesos que escapan a nuestro propio control, pero que nos afectan, puede llevarnos a una fragilidad psíquica caracterizada por una disminución o pérdida de la autovaloración y, peor aún, a la resignación, al desinterés por el trabajo y a la apatía.

Esto exige tener muy presente el concepto de sensibilización dentro de la organización (fundamentalmente cuando se ocupa un puesto de mando o jerárquico), a los fines de mantener una línea de conducta que respete una idea directriz sensata, capaz de contribuir a la creación de un ámbito de trabajo donde se acepte que somos humanos y, a veces, podemos equivocarnos, de modo de ofrecer seguridad y estabilidad a los integrantes del equipo.

Tengamos en cuenta que *todo estado de sensibilización será más extremo, profundo y nocivo cuando a la alta frecuencia de presentación del estímulo que provoque aversión (ya se trate de un castigo específico, o de alguna forma de maltrato emocional, etc.) se sume, a quien lo padezca, la arbitrariedad y la imposibilidad de protegerse.*

Conclusiones

Los nuevos conocimientos que proporciona la neurociencia en materia de neuroeducación y neuroaprendizaje van mucho más allá de mejorar la eficacia en la transmisión y aplicación de información, ya que tienen que ver con el clima de trabajo y los estados de felicidad-infelicidad que experimenten las personas dentro de las empresas, lo cual tiene su correlato nada menos que en la motivación y la creatividad.

Dado que el aprendizaje se produce en el cerebro, implica modificaciones en los neurocircuitos al crear nuevas sinapsis, reforzar otras o, simplemente, propiciar la *poda sináptica* debido al desuso.

Esto último se ve con mucha claridad en la administración pública, donde gran cantidad de puestos de trabajo se obtienen por vínculos con los gobernantes de turno y la estabilidad está garantizada por el mismo motivo. Se trata de una imagen en la que las empresas jamás deberían verse reflejadas.

La clave está en la neurocapacitación, no solo porque promueve una mayor integración de las ciencias de la educación con las que se ocupan del desarrollo neurocognitivo y emocional de las personas, sino también porque promueve ámbitos de trabajo más ricos, más placenteros, más creativos, más eficientes, más productivos.

En la actualidad, muchas organizaciones han aprendido que no tiene sentido implementar un proceso de aprendizaje-enseñanza (y viceversa) que no incorpore los conocimientos sobre los estados funcionales del cerebro y su relación con el conocimiento y la conducta.

A esto, sin duda, contribuirán la educación escolar y sus avances. De hecho, en varios países se está trabajando en proyectos que tienden a incorporar la neurociencia básica como materia de estudio desde edades tempranas; incluso hay quienes calculan que en no menos de cinco años se podrá observar mediante neuroimágenes las interacciones cerebrales entre quienes imparten los nuevos conocimientos y quienes los reciben. Un tema verdaderamente apasionante, sin duda alguna.

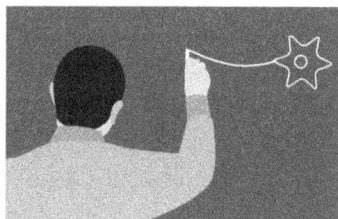

La neuroeducación ha cambiado el paradigma de la capacitación.

Al incorporar y promover la integración interdisciplinaria de las ciencias de la educación con aquellas que se ocupan de estudiar el funcionamiento del cerebro, ha generado un avance sin precedentes.

En este marco, las técnicas desarrolladas por el neuroaprendizaje constituyen un recurso de funcionalidad múltiple, no solo porque ponen en primer plano la aplicación de dimensiones no exploradas por el paradigma tradicional, sino también porque contribuyen a la potenciación de las capacidades neurocognitivas y emocionales de las personas.

Capítulo 9

Creando *creatividad*, generando *innovación*

Acceda al video mediante este QR
o en https://youtu.be/g1ljFvfR6M8

Herramientas neurocientíficas para despertar y desarrollar el potencial creativo

Temas destacados

1. La creatividad es una de las capacidades más sorprendentes del cerebro humano. Día a día se sabe más sobre los procesos neurobiológicos que la sustentan.

2. Mediante neuroimágenes, se observó que en las personas muy creativas el flujo sanguíneo es mayor en las zonas vinculadas con las funciones cognitivas y emocionales.

3. Los seres humanos podemos entrenar la creatividad comenzando por aprender a automonitorear los modos de pensar.

4. La actividad creativa involucra un proceso mental heterogéneo que incluye diferentes propiedades del pensamiento (facilidad para generar ideas, capacidad para la asociación semántica, originalidad de las ideas, imaginación y fantasía).

5. En las actividades creativas participan mayoritariamente las regiones de la corteza (que son las más evolucionadas en el ser humano) y las regiones límbicas (de base emocional).

6. El sistema límbico es una especie de cerebro añadido que recubre la parte reptiliana y rige las funciones relacionadas con la autoconservación, la lucha, la procreación y, fundamentalmente, el comportamiento emocional.

7. El sistema de recompensas del cerebro tiene un rol determinante tanto en el grado de movilización como en los bloqueos a la creatividad.

8. La neurociencia ha demostrado que, cuando dormimos o tenemos ensoñaciones diurnas, el pensamiento se sitúa en un orden diferente.

9. Los gimnasios cerebrales cuentan con una batería de técnicas de avanzada para desarrollar el potencial creativo del cerebro.

Creatividad: los errores conceptuales y la trampa de la resignación

Desde que el mundo es mundo, la creatividad se ha considerado un don, una característica, una especie de "bendición" de algunos elegidos. Hace ya unos años, comenzaron a escribirse gran cantidad de libros que pusieron en cuestión esta afirmación con numerosos casos y ejemplos.

En su libro titulado *Creatividad*, uno de los autores más prolíficos sobre el tema, Edward de Bono, describe una investigación según la cual el 94% de los jóvenes valora el triunfo como lo más importante de su vida y lo asocia en forma directa con la creatividad.

Con el fin de observar lo que ocurría en mi propio entorno, indagué varias veces esta asociación entre los participantes de mis cursos y seminarios, obteniendo resultados similares a los que menciona De Bono (en términos de porcentajes):

- Prácticamente en todas las respuestas puede inferirse la *asociación creatividad-inteligencia-éxito.*
- Paralelamente, entre aquellas personas que no se consideraban a sí mismas creativas, observé una especie de resignación, de aceptación de una realidad inmodificable. Una de las asistentes (anoté su nombre: Paula) comentó: *"Mi jefe tiene una creatividad impresionante, yo voy de copiloto: soy muy buena implementando sus ideas, y me siento bien así".*

Como se puede ver, una conceptualización equivocada de la creatividad lleva implícito el conformismo. De hecho, muchas personas que podrían ser número uno están varios escalones abajo porque no se dieron cuenta de que, al igual que cualquier otro ser humano sano, han venido a este mundo con un cerebro con condiciones naturales para la creatividad. Su error es no haber dedicado tiempo a explorar por qué estas habilidades estaban bloqueadas.

Al escribir esto viene a mi mente el caso de una amiga que, hace unos cinco

> Cuando hay creatividad, la vida es más simple, más linda y, sobre todo, ¡*más divertida!*
>
> Edward de Bono

años, tenía un considerable sobrepeso. El nutricionista al que recurrió por entonces le dijo: *"Nuestro trabajo a partir de hoy consiste en quitar las capas de tejido graso que ocultan tu belleza".* Y así fue; por cierto, Maia es preciosa.

Análogamente, todo ser humano que no se considere creativo y quiera serlo debería recorrer un camino similar:

- *Averiguar cuáles son las "capas" que traban u ocultan su creatividad, impidiéndole que aflore (lo que comúnmente denominamos bloqueos).*
- *Recurrir a la ayuda de especialistas para liberar su cerebro de todo aquello que entorpezca o impida el flujo de su potencial creativo.*
- *Ejercitar la creatividad. Nadie puede liberar y, al mismo tiempo, desarrollar una habilidad si no le dedica tiempo a las prácticas diseñadas para ello. Los gimnasios cerebrales son sitios ideales para que las personas puedan alcanzar este objetivo.*

En los próximos apartados nos concentraremos en conceptos que son necesarios para comprender este maravilloso fenómeno a la luz de las neurociencias, y en los siguientes abordaremos los temas que consideramos relevantes para ayudar a los lectores a atravesar las etapas mencionadas.

¿Qué entendemos por creatividad?

La creatividad normalmente se conceptualiza como la capacidad de un individuo para generar nuevas ideas fuera del marco que constituyen los esquemas estereotipados en el pensamiento.

Sin embargo, no es lo mismo la creatividad en ingeniería que la creatividad en la música o en la pintura; de hecho, las zonas cerebrales que se activan según el área de trabajo a la que se aplique esta habilidad son diferentes.

Por ejemplo, a veces se necesita una base de conocimiento para crear. De hecho, no hubiera sido posible enviar un robot a Marte sin experiencia en la carrera espacial, y si Demócrito (500 años antes de Cristo) no hubiera razonado que la materia estaba compuesta de pequeñísimos corpúsculos rodeados de espacios vacíos (los átomos).

En otras disciplinas, como la pintura o la escritura, no se requiere esta condición. En ambos casos la base previa de conocimientos se reduce al lenguaje, que se constituye en el instrumento que permitirá plasmar en una obra el genio creativo.

¿Qué ocurre a nivel cerebral?

La creatividad es una de las diferencias más tangibles que tenemos con respecto a nuestros antepasados a nivel cerebral, ya que la evolución del ser humano está estrechamente relacionada con ella; de hecho, cualquier libro sobre la historia del *homo sapiens* es, en cierto modo, la historia de sus inventos, desde aquellos relacionados con sus necesidades primarias (como contar con un techo, tener armas rudimentarias, o utensilios para comer), hasta los más sofisticados, como lo fue la rueda en su momento y como lo es hoy todo lo relacionado con la tecnología.

Precisamente, las facultades superiores que poseemos los seres humanos son las que nos han permitido combinar los elementos de la naturaleza para edificar nuestras casas, nuestras ciudades, nuestros puentes y enviar un robot a Marte. Estos ejemplos revelan, a su vez, que no estamos ante un fenómeno estrictamente individual o hereditario, ya que la vida social es decisiva en la evolución de la inteligencia creativa.

Desde el punto de vista neurocognitivo, la actividad creativa involucra un proceso mental heterogéneo que incluye diferentes propiedades del pensamiento (facilidad para generar ideas, capacidad para la asociación semántica, originalidad de las ideas, imaginación, fantasía y procesamiento semántico).

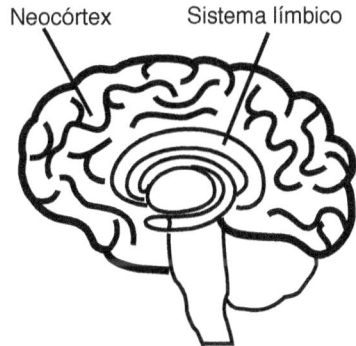

En estas actividades participan mayoritariamente las regiones de la corteza (que son las más evolucionadas en el ser humano) y las regiones límbicas (de base emocional). Recuerde:

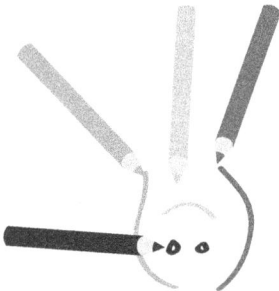

> **La actividad creativa es un proceso mental heterogéneo que incluye diferentes modalidades:**
>
> - Intuición.
> - Facilidad para generar ideas.
> - Capacidad para la asociación semántica.
> - Originalidad de las ideas.
> - Fluidez de las ideas.
> - Imaginación y fantasía.

Investigaciones, ejemplos y casos sobre la base neurobiológica de la creatividad

Un precursor: Silvano Arieti

Uno de los primeros especialistas en estudiar los procesos de la creatividad a nivel neurológico fue Silvano Arieti[1]. Concluyó que están implicadas la corteza témporo-occípito-parietal (que tiene conexiones importantes con los lóbulos frontales y con el sistema límbico), varias áreas de Brodman y la corteza prefrontal. También señaló la participación de estructuras del sistema límbico (como el hipocampo y el cíngulo) y subrayó el rol de la formación reticular.

La **corteza prefrontal** se ocupa de seleccionar los estímulos que son importantes para el proceso creativo y, al mismo tiempo, de suprimir aquellos que no lo son.

Como está relacionada con las funciones ejecutivas del cerebro (razonar, planificar, convertir las ideas en secuencias o cursos de acción), es una zona con mucha actividad durante los procesos creativos[2].

La **formación reticular** comprende una red de núcleos y fibras nerviosas interconectadas que se encuentran en las profundidades del cerebro.

Esta red recibe aferencias de muchas vías sensoriales y actúa como relevo y selector de los impulsos nerviosos que se dirigen a la corteza cerebral. Algunos especialistas la consideran responsable de la interpretación de la información percibida por los órganos sensoriales. Por ejemplo, para Aaron Sloman[3] las personas que tienen mayor habilidad para percibir determinadas situaciones probablemente sean más emotivas y tengan un mayor desarrollo de la formación reticular.

La *formación reticular* (en la imagen, la zona superior izquierda) es una red de neuronas que tienen origen en el tallo cerebral.

Esta red se ocupa de registrar y analizar estímulos sensoriales y de modular la actividad de varias áreas del cerebro. Tiene un rol muy importante en los procesos creativos.

1. Arieti, S. (1976): *Creativity: the Magic Synthesis.* Basic, New York.
2. De la Gándara, Jesús: "Neurobiología del arte. Un modelo de autoestimulación visual creativa". En *http://www.psiquiatria.com/bibliopsiquis/handle/10401/582*
3. Sloman, A. (1984): *The structure of the space of possible minds in The Mind and the Machine: philosophical aspects of Artificial Intelligence.* Editorial S. Torrance, Chichester.

Se trata de una estructura muy interesante para profundizar en las investigaciones sobre creatividad, debido a que todos los sistemas sensoriales tienen fibras que conectan con la formación reticular, que también se ocupa de seleccionar los estímulos que son importantes y desestimar aquellos que no lo son. En opinión de algunos neurobiólogos, es probable que el famoso *momento eureka* esté relacionado con esta estructura debido a que también actúa como una especie de "despertador" en el sistema nervioso.

Como ya vimos, el sistema límbico es una especie de cerebro añadido que recubre la parte reptiliana y rige las funciones relacionadas con la autoconservación, la lucha, la procreación y, fundamentalmente, el comportamiento emocional.

Se ubica debajo de la corteza cerebral y comprende estructuras muy importantes, como el hipocampo, el hipotálamo y la amígdala. Esta última tiene funciones de alerta, defensa y registro del miedo, participa en los instintos sexuales y tiene un rol fundamentalmente en la vida afectiva.

Si bien las conexiones del sistema límbico son complejas, y hay algunas discusiones con relación a cuáles son sus componentes, el criterio de que este sistema participa en los procesos creativos es ampliamente aceptado y hay estudios de casos que lo confirman.

Descubrimientos sobre el pensamiento creativo: universidades de Drexel y Northwestern

Durante una investigación emprendida por estas universidades en los Estados Unidos, se observó que algunos pensamientos estimulan las zonas del cerebro que participan en los procesos creativos y que estas áreas no son las que utilizamos cuando lo que estamos haciendo nos exige utilizar el pensamiento metodológico, secuencial.

También se descubrió que el famoso *momento eureka* es el resultado de un trabajo que el cerebro comienza a hacer mucho antes de que se encienda la tan ansiada luz (ello coincide con lo mencionado precedentemente sobre el sistema reticular).

Se trata de un descubrimiento muy importante, ya que otro de los hallazgos tiene que ver con los patrones cerebrales que se utilizan durante la creatividad: "Dirigimos nuestra atención hacia 'dentro', nos preparamos para activar nuevas líneas de pensamiento y, quizá, incluso acallamos los pensamientos más irrelevantes"[4].

---

4. "Brain Activity Differs for Creative and Noncreative Thinkers", en *http://www.sciencedaily.com/releases/ 2007/10/071027102409.htm*

A estas conclusiones se llegó luego de estudiar las variaciones en la actividad neuronal de los participantes:

- *Cuando un problema se resolvía por comprensión, se activaban zonas del lóbulo temporal (que intervienen en el pensamiento conceptual) y áreas del lóbulo frontal (cognitivas).*
- *Cuando la cuestión se resolvía en forma metodológica, la zona más activa era la corteza visual, revelando que la atención se focalizaba en la pantalla de la computadora en la que se estaba leyendo el problema.*

De esto se desprende claramente que dos formas de pensamiento que utilizamos para resolver algunos problemas, en este caso la analítica y la intuitiva, procesan de manera diferente la información en el cerebro. Por lo tanto, y como veremos con claridad más adelante:

LA ACTIVIDAD CEREBRAL VARÍA SEGÚN EL TIPO DE PENSAMIENTO

Los seres humanos podemos entrenar la creatividad si aprendemos a automonitorear tanto los contenidos como los modos de pensar.

La creatividad preserva la salud del cerebro y la calidad de vida: Universidad de Rochester

Según un estudio realizado en la Universidad Médica de Rochester (y que se publicó en *Journal of Ageing and Health*), la creatividad está relacionada con una "buena y larga vida" debido a su potencial para reducir la tensión, alejando al cerebro de los efectos negativos del estrés.

Se llegó a esta conclusión luego de medir la flexibilidad cognitiva y la fluidez de ideas de mil participantes a los que se les hizo un seguimiento durante un período de 18 años (desde 1990 hasta 2008).

Lo que más me llamó la atención de esta investigación fueron las reflexiones de Nicholas Turiano, quien la lideró. En sus términos:

- *"Una posible razón de por qué la creatividad protege la salud es que conecta una variedad de redes neuronales."*
- *"La creatividad, y no la inteligencia, es lo que reduce los riesgos de muerte."*

En mi opinión, la creatividad es una de las manifestaciones superiores de la inteligencia; no obstante, del relato de este especialista se desprende una reflexión con la que coincido plenamente:

- *La creatividad es un gran recurso para evitar el deterioro neurocognitivo que puede llegar con los años.*
- *"Practicar el pensamiento creativo mejora la salud, reduce el estrés y ejercita el cerebro."*[5]

El aporte de Carlsson

Carlsson utilizó mediciones de flujo sanguíneo cerebral para analizar diferencias entre individuos altamente creativos y otros poco creativos mientras realizaban actividades de fluidez verbal y pensamiento divergente.[6]

Descubrió que en los altamente creativos el flujo cerebral aumentaba en los lóbulos frontales, mientras que en los otros este incremento se daba en la zona izquierda en forma predominante.

Con la misma técnica, realizó otro estudio destinado a analizar qué zonas del cerebro se activaban durante la realización de **pruebas de Torrance** en un grupo de participantes seleccionados por su capacidad creativa con tecnología SPECT.

En el *Test de Pensamiento Creativo de Torrance* se suministra a los participantes una serie de figuras simples (columna de la izquierda) y se les solicita que hagan un dibujo con esas mismas figuras (fila de arriba). Luego se les pide que las combinen de alguna forma (fila del medio) y, finalmente, que las completen para crear un dibujo mayor y más complejo (fila de abajo).

	Figuras iniciales	Dibujos completados	
		Más creativos	Menos creativos
Usar		Ratón	Cadena
Combinar		Ratón	Cadena
Completar		Un pez de vacaciones	Recipiente

---

5. Palabras de Nicholas Turiano.
6. Carlsson, I. *et al.* (2000): "On the neurobiology of creativity. Differences in frontal activity between high and low creative subjects". *Neuropshychologia*, 38:873-885.

Se observó que existía una *correlación positiva entre el índice de creatividad y el aumento del flujo sanguíneo en varias zonas del cerebro, entre ellas, el lóbulo parietal derecho, el giro parahipocámpico derecho, el giro frontal izquierdo y el cerebelo*[7].

Rol del sistema de recompensa del cerebro en la creatividad

La creatividad se asocia a una satisfacción o beneficio esperado. La magnitud de la recompensa esperada determina el grado de movilización. Esto se entiende muy bien al razonar sobre las diferencias que existen entre, por ejemplo, inventar un generador de energía que les cambie la vida a millones de personas en el mundo, y los actos creativos cotidianos, como diseñar un espacio funcional en nuestra casa o un disfraz para los chicos.

El sistema de recompensas del cerebro tiene un rol determinante tanto en el grado de movilización como en los bloqueos a la creatividad; se trata de un neurocircuito dopaminérgico muy estudiado.

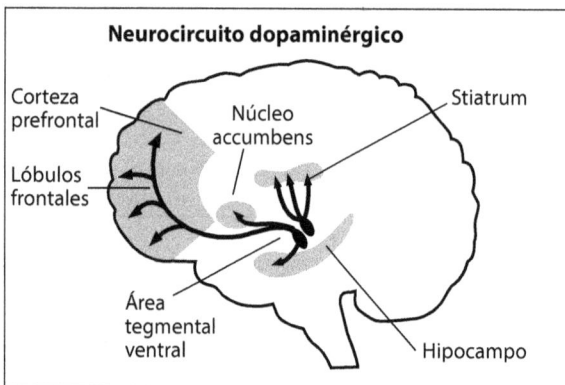

Neurocircuito dopaminérgico — Corteza prefrontal, Lóbulos frontales, Núcleo accumbens, Área tegmental ventral, Stiatrum, Hipocampo

Por ejemplo, cuando una persona no obtiene lo que espera o no logra alcanzar aquello por lo que se esforzó, el neurotransmisor que circula por este sistema, la dopamina, envía señales de alerta al cerebro desencadenando reacciones que pueden provocar un estado de depresión, generando un bloqueo creativo.

Dado que ello influye en la información que se dirige hacia los lóbulos frontales, cuando los niveles de este neurotransmisor están por debajo de lo normal no solo se afecta la creatividad, sino también sus "insumos", como la memoria de trabajo y la capacidad de resolución de problemas.

---

7. Chávez, R.A.; Graff-Guerrero, A.; García-Reyna, J.C.; Vaugier, V.; Cruz-Fuentes, C. (2004): "Neurobiología de la creatividad: resultados preliminares de un estudio de activación cerebral". *Salud Mental*, 27, 3:38-46.

En síntesis:

- *Las investigaciones recientes en neurociencias confirman la complejidad de la creatividad a nivel cerebral.*
- *Contradicen las opiniones que aseguran que la creatividad es una especie de don natural que tienen algunos "elegidos".*
- *Confirman que entrenando el pensamiento todos podemos ser más creativos.*

Si bien no podemos negar que existen personas más creativas que otras –de hecho, no cualquiera puede convertirse en un Leonardo da Vinci–, lo cierto es que todo ser humano que se proponga desarrollar su creatividad puede hacerlo.

¿Por qué no somos creativos?

Hay quienes sostienen que los individuos creativos poseen ciertos rasgos psicológicos o de personalidad que los diferencian de los demás. En la vida cotidiana, uno de los mitos que circulan en diversos ámbitos es una supuesta correlación positiva entre creatividad y desorden.

Sin embargo, nadie ha podido demostrarlo, más bien (y deseo subrayarlo especialmente porque es un tema para tener en cuenta) ha sido comprobado que los hogares caóticos y desordenados entorpecen el desarrollo cerebral en los primeros años de vida.

Una de las investigaciones más interesantes que he leído es la de Stephen Petrill (Universidad de Pennsylvania), quien se ocupó del seguimiento de mellizos nacidos en los noventa y que fueron criados en lugares diferentes.

Al analizar los resultados, llegó a la conclusión de que aquellos que habían crecido en ámbitos desordenados tenían un menor desarrollo de sus capacidades cognitivas.

Cuando esto sucede (estoy haciendo aquí mi propio aporte sobre la investigación de Petrill), se afecta la creatividad, debido a que esta depende normalmente de las habilidades necesarias para

La complejidad de la creatividad se manifiesta en la activación de varias regiones cerebrales, ya que en los procesos creativos participan neurocircuitos que se distribuyen por todo el cerebro.

En las personas muy creativas, el flujo sanguíneo es mayor en las zonas vinculadas con las funciones cognitivas y emocionales.

"organizar" un conjunto de elementos dispersos (en las profundidades de la mente) en un todo unificado.

No estoy hablando aquí del pensamiento lógico o secuencial, ya que la creatividad necesita de un cerebro desestructurado, sino de una metodología metaconsciente para hallar las relaciones que conduzcan al ansiado *momento eureka*.

Es cierto que se han creado obras de arte extraordinarias en ámbitos caóticos y –por qué no decirlo– incluso con una considerable falta de higiene, pero ello no se constituye necesariamente en un modelo de creatividad.

Pamela Peeke, de la Universidad de Maryland, demostró que en algunas personas la desorganización del espacio físico acelera las hormonas del estrés, y que esa aceleración entorpece el funcionamiento a pleno de las capacidades cerebrales. Dado que la creatividad depende, en gran parte, de un buen desempeño cognitivo, es un tema para tener en cuenta.

Otra cuestión importante que deseo subrayar es que, si bien todos los seres humanos poseemos las capacidades básicas que nos permiten adaptarnos a situaciones nuevas, está claro que estas difieren de un individuo a otro.

Por ejemplo, aunque todos hiciéramos un curso de pintura, pocos (tal vez ninguno) podrían dibujar como Picasso; sin embargo, estas facultades son de tipo dominio-específicas.

De hecho, si bien existen evidencias de que hay algunas facetas que confieren un carácter especial a los sujetos creativos, no se trata de destrezas notables que devienen de pericias técnicas, sino más bien de la capacidad para hacer emerger lo mejor de la inteligencia al liberar el pensamiento de sus bloqueos.

Identificando al enemigo

Para lograr una visión diferente de las situaciones que enfrentamos cotidianamente y generar respuestas novedosas, debemos, en primer lugar, identificar cuáles son las causas que estrangulan el pensamiento creativo y luego trabajar sobre ellas. A continuación, enumeramos las principales.

Los mapas mentales

La percepción de la realidad está fuertemente condicionada por la construcción que cada sujeto realiza sobre ella. Tal como dice el Talmud, "no vemos las cosas como son, vemos las cosas como somos".

Si usted observa la figura de la derecha, seguramente verá un cubo con una orientación determinada. Si continúa observando, la orientación puede invertirse en menos de un segundo.

A esta inversión se la conoce como "reestructuración espontánea", y significa que la percepción ha sido "reestructurada": al invertirse la orientación, cambian las relaciones entre los elementos de la figura.

Cubo de Necker

Este fenómeno es consecuencia de la forma en que funciona el cerebro: la imagen de un objeto provoca una serie de excitaciones configuradas de cierta manera en el campo visual. En algunos casos, esta configuración puede convertirse en otra diferente, apenas en segundos.

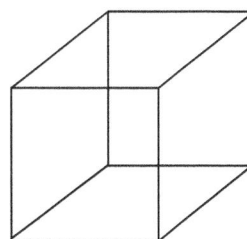

Los bloqueos a la creatividad se producen, en buena medida, porque nuestros mapas mentales nos impiden experimentar fenómenos que desafíen las estructuras y los supuestos previos que hemos construido.

Por lo tanto, gran parte del trabajo para desbloquear la inteligencia creativa consiste en transformar el mapa del mundo que está almacenado en nuestros modelos mentales, teniendo en cuenta que "el mundo" no es otra cosa que una construcción personal que puede cambiar si somos capaces de desafiar nuestros propios dogmas[8].

En el proceso creativo puede producirse una situación similar y de repente ¡encontramos la solución! Esta aparición súbita se debe a una reestructuración espontánea, similar a la que se produce en la percepción sobre la forma del cubo de Necker.

Si bien el ejemplo que hemos citado tiene que ver con un aspecto particular de la percepción visual, es una excelente metáfora para analizar lo que ocurre cuando dos personas observan un mismo aspecto de la realidad pero lo interpretan de manera completamente diferente.

---

8. Una de las técnicas más eficaces para cambiar nuestros mapas mentales y orientarlos hacia los objetivos que queremos lograr es la de "mapas de inteligencia dinámicos", desarrollada en el Brain Decision Braidot Centre sobre la base de trabajos de Tony Buzan.

Estas disimilitudes en las interpretaciones se deben a la presencia de *mapas mentales,* es decir, de conjuntos de ideas y creencias preconcebidas que se han ido formando a lo largo de la vida.

En las personas, los mapas mentales actúan como filtros a través de los cuales organizamos y damos sentido a nuestras experiencias, por eso nos llevan a aceptar determinados puntos de vista y a rechazar otros, a decidir qué es aceptable y qué no lo es. Si bien operan en forma permanente, rara vez somos conscientes de este proceso.

El pensamiento lógico

Al enfatizar en los procesos conscientes, impedimos el flujo de ideas que surge de la riqueza de las asociaciones que realiza nuestro metaconsciente. Las investigaciones en neurociencias revelan que un cerebro liberado de la forma tradicional de afrontar un problema, es decir, que deja de lado el razonamiento lógico, tiene mayores probabilidades de encontrar soluciones hasta entonces inimaginadas.

El pensamiento creativo debe dejar atrás fórmulas y recetas aprendidas.

La creatividad está dentro de cada persona, en los NEUROCIRCUITOS que dan soporte al flujo de ideas originales.

Si bien, como ya hemos dicho en otro apartado, el ser humano no podría enviar una nave a Marte sin los conocimientos sobre física y matemática que la humanidad ha ido acumulando, abundan los casos que revelan que algunas de las "grandes mentes" han logrado penetrar en lo desconocido mediante saltos de intuición, dejando de lado la preparación académica y la lógica lineal.

La experiencia anterior

Cuando recurrimos a recetas que fueron útiles en el pasado, corremos el riesgo de encerrarnos en un único punto de vista, lo cual impide el flujo de ideas necesario para resolver un problema nuevo.

Como bien dice Edward de Bono, "para descubrir un tesoro puede ser necesario excavar un hoyo nuevo (…). Pensar verticalmente equivale a profundizar más en un agujero existente, pensar lateralmente significa abrir agujeros nuevos[9]".

9. De Bono, E (1993): *El pensamiento lateral. Manual de creatividad.* Paidós, Barcelona.

Afortunadamente, aunque a muchos realmente esto les pesa, el mundo está en una situación de cambio permanente, por lo tanto, ninguna respuesta puede ajustarse a una situación presente si se fundamenta en una o varias experiencias pasadas.

Los juicios

Uno de los bloqueos más importantes a la creatividad es la presunción de que una idea pueda considerarse absurda o inviable. Las evaluaciones negativas de los demás pueden afectar la autoestima, e impedir así el flujo natural de las ideas.

Para superar esta barrera, sencillamente hay que evitar caer en la trampa. Lo importante es conservar la magia del proceso creativo, defendiendo las ideas y salvándolas del rechazo prematuro.

La autocrítica

Los seres humanos nos vamos haciendo cada vez más críticos con el correr de los años porque la mayor parte de las situaciones no requieren creatividad, sino capacidad crítica, por lo cual esta se va fortaleciendo con el paso del tiempo, haciéndonos rechazar ideas que podrían resolver un problema si les diéramos una oportunidad.

La ausencia de motivación

Las personas que se distinguen por su capacidad creativa generalmente son excepcionales en lo que atañe a su nivel de motivación.

Einstein, Newton, Disney, Leonardo… todos ellos son ejemplos de individuos entregados enteramente a su trabajo, por el que sentían verdadera pasión.

Si bien la motivación, por sí misma, no genera soluciones innovadoras, es cierto que los individuos creativos se entregan hasta tal punto a su labor que suelen olvidarse del mundo que los rodea.

> **LA AUSENCIA DE MOTIVACIÓN ES ENEMIGA DE LA CREATIVIDAD**
>
> La inteligencia creativa se potencia cuando existe una curiosidad intensa, una mente abierta y un sinnúmero de preguntas formuladas desde diferentes perspectivas.

La presión

Vivir corriendo conspira contra la creatividad. Difícilmente pueda surgir alguna idea interesante si no le damos tiempo al cerebro para que ponga a trabajar su metaconsciente.

Varias investigaciones han demostrado que el descanso aumenta las posibilidades de que funcione a pleno su inteligencia metaconsciente y que las pausas permiten que los intentos erróneos y los caminos sin salida se olviden, haciendo que, cuando volvamos a emplazar el tema en nuestro pensamiento, lo hagamos con una mentalidad más abierta.

Técnicas de avanzada para despertar la creatividad

La capacitación en creatividad debe estar orientada a la estimulación de los neurocircuitos en los que esta se apoya. Específicamente, en el circuito de recompensa, por medio del establecimiento de metas claras y el subsiguiente refuerzo que se logrará cuando estas se alcancen.

Los avances de las neurociencias son nuestros mejores aliados, ya que la comprensión de los circuitos cerebrales que intervienen en la producción creativa, así como también los que se le interponen, son fundamentales para ayudarnos a desarrollar nuestras capacidades[10].

Asimismo, los programas de capacitación diseñados para el desarrollo de la creatividad mejoran otras funciones cerebrales, como las vinculadas con la toma de decisiones, ya que ayudan a solucionar problemas, a elegir más rápido y mejor entre varias alternativas, además de potenciar el desarrollo de la imaginación.

Dado que la inteligencia creativa encuentra su mejor caldo de cultivo cuando se desarrolla a partir del pensamiento relajado, desenfocado, de tipo contemplativo, es muy importante que se lo estimule. Este proceso tiene su correlato en la capacidad del cerebro para que una activación neuronal se extienda y configure una red de relaciones a un nivel de intensidad que produzca pensamientos conscientemente difusos.

---

10. Al final de este capítulo resumo los principales aspectos que, a mi criterio, debemos trabajar para desarrollar el potencial de nuestro cerebro.

Fundamentos

- Algunos experimentos científicos demuestran que la creatividad está asociada con un estado neuronal de poca definición. Uno de ellos es el de Colin Martindale, quien realizó el seguimiento de la excitación cortical mediante un electroencefalograma que le permitía registrar el tipo de actividad producida en el cerebro de los participantes[11]. Un aspecto del experimento consistió en llevar un registro de los datos de activación cerebral de personas que participaban en dos tipos de tests: uno de inteligencia (diseñado para que aplicaran el pensamiento analítico) y otro de creatividad (diseñado para que utilizaran la imaginación). Los participantes fueron divididos, en principio, en dos grupos. Uno de ellos estaba integrado por personas que generalmente se mostraban creativas y el otro por individuos que no evidenciaban esta característica. Se observó un aumento cortical igual en los dos grupos cuando llevaban a cabo el test de inteligencia, tomando como referencia un perfil relajado. Cuando trabajaban en el test de creatividad, el electroencefalograma de los no creativos era el mismo que en el test denominado "de inteligencia", sin embargo, el nivel de excitación de las personas creativas era incluso inferior que la puntuación de su perfil relajado.
- En un estudio posterior, Martindale dividió la tarea creativa en dos etapas. En la primera, que denominó de inspiración y se basaría en la intuición, los participantes debían inventar una historia. En la segunda, que requería un trabajo más consciente para elaborar y organizar coherentemente los argumentos, debían escribirla. Los sujetos que habían sido incluidos en el grupo de los no creativos mostraron el mismo nivel (alto) de excitación en ambas etapas, mientras que los creativos mostraron una excitación baja durante la etapa de intuición y alta durante la de elaboración[12].
- Estos resultados, sumados a los de otros experimentos científicos que hemos consultado, demuestran lo siguiente:

Las etapas que atraviesa el proceso creativo tienen su correlato en el funcionamiento fisiológico del cerebro.

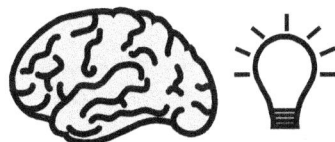

---

11. Braidot, N. (2014): *Neuromanagement.* Ediciones Granica, Buenos Aires, Capítulo 11.
12. Martindale, C.: "Creativity and connectinism", tomado de Claxton G. (1999), *Cerebro de liebre, mente de tortuga. Por qué aumenta nuestra inteligencia cuando pensamos menos.* Urano, Barcelona.

Durante la etapa inicial (fase de preparación), se utiliza el pensamiento consciente al reunir información a través de la atención focalizada. Aquí el cerebro actúa como si los grupos neuronales estuvieran bien definidos. Si el problema es sencillo de resolver, esta configuración neuronal puede ser suficiente para hallar rápidamente la solución. Si no lo es, la mente ingresa en un camino más intrincado.

Como el pensamiento analítico, consciente, no tiene capacidad para extenderse con gran amplitud y profundidad, esta tarea es realizada por el metaconsciente, que, al activar diversas asociaciones neuronales, interviene eficazmente en la búsqueda de las soluciones creativas. Precisamente, en la fase de incubación, el pensamiento se relaja y eso permite que diferentes redes neuronales se disparen a la vez. Por ello:

Cuando dejamos de buscar una solución y ponemos la mente en otra parte, el problema se ubica en algún lugar del cerebro para que este continúe trabajando hasta que la respuesta aparezca cuando menos lo esperamos.

A su vez, durante la etapa de incubación, el cerebro se toma su tiempo para que los conceptos erróneos sean reemplazados por otros, es decir, para que un problema pueda ser conceptualizado y resuelto desde un nuevo punto de vista.

Claxton explica con mucha claridad cómo se produce este proceso: "Imaginemos que la actividad en la red neuronal fluye por un canal y llega a un punto de decisión, un cruce de caminos. ¿Por dónde debe continuar? Bajo circunstancias normales, puede admitirse que toda actividad debe seguir la ruta mejor establecida. Si uno de los ramales del cruce está más profundamente marcado y/o está más alimentado que el otro, entonces ese será el preferido".

El gráfico de la página siguiente muestra cómo un cambio en el punto de entrada puede solucionar un problema para el que previamente no se hallaban ideas.

La activación sigue el trazo más grueso en cada cruce[13].

Si el punto de partida del pensamiento sobre un problema concreto se encuentra en el punto "A", y la solución puede hallarse en el punto "!", al seguir el grosor de las líneas se observa que la naturaleza de este tramo de red es tal que es imposible ir desde "A" hacia "!", ya que daríamos vueltas en torno al mismo círculo.

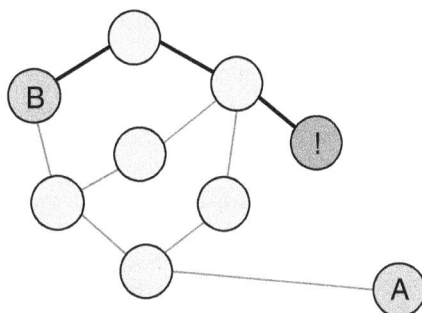

En cambio, si un grupo neuronal activa un enlace entre redes desconectadas, es posible que esta activación sea suficiente para hacer que la solución llegue repentinamente a la conciencia.

Por lo tanto:

Cuando abandonamos el pensamiento consciente (dejamos de concentrarnos deliberadamente en un problema) permitimos que nuestro metaconsciente recorra todas las asociaciones.
Podemos descubrir que hemos dejado de pensar en "A" y que estamos pensando en "B". Así es como la solución, que en un primer momento no encontrábamos, aparece de repente. Este es el instante de la iluminación.

Los momentos del día en creatividad: ¿cuáles son nuestros principales aliados?

Si bien nadie puede afirmar en qué momento del día el cerebro tiene un mayor potencial creativo, la literatura abunda en casos de revelaciones ocurridas durante los sueños.

La neurociencia ha demostrado que, cuando dormimos o tenemos ensoñaciones diurnas en vigilia, el pensamiento no queda suspendido, sino que se sitúa en un orden diferente, y que durante los sueños, se relajan los controles conscientes y nos liberamos de las elucubraciones que restringen la inteligencia creativa.

Uno de los ejemplos más famosos de un acto de creación que, según su autor, Friedrich August von Kekulé, se produjo durante un sueño, es el descubrimiento de los anillos del benceno, una de las estructuras fundamentales de la química orgánica.

---

13. Claxton, Guy: *Cerebro de liebre, mente de tortuga. Op. cit.*

Kekulé relató lo sucedido de la siguiente manera:

"Volví mi butaca hacia el fuego y me adormecí. De nuevo, los átomos caracoleaban y danzaban ante mis ojos. Esta vez, los grupos atómicos más pequeños se mantenían, modestamente, en segundo plano.
El ojo de mi mente, al que repetidas visiones de esta naturaleza habían dado mayor agudeza, era capaz ahora de distinguir estructuras mayores, de múltiples configuraciones: largas hileras, a veces más íntimamente ceñidas unas a otras, todas ellas enroscadas y entretejidas entre sí, serpeando a modo de culebras. Más, ¡atención! ¿Qué es eso?
Una de las culebras había mordido su propia cola, y la figura que formaba giraba sobre sí misma, burlonamente, ante mis ojos. Como por el chispazo de un relámpago, me desperté. "[14]

Como vemos, el pensamiento metaconsciente puede generar combinaciones novedosas de ideas porque es menos rígido y especializado que el consciente. Esto hace que todo parezca posible en los sueños, donde las conexiones entre un pensamiento y otro parecen ser infinitas.

Ahora bien, ¿qué dicen los especialistas sobre estos procesos? Aunque todavía no están escritas todas las respuestas a las preguntas sobre los sueños, las investigaciones están bastante avanzadas.

- En Alemania, un equipo de investigadores de la Universidad de Lübeck estudió la actividad cerebral en un grupo de participantes mientras dormían. Posteriormente, llegó a la conclusión de que **la actividad neuronal es más eficaz cuando dormimos profundamente** y que **durante el sueño nacen las mejores ideas, por ello, es el mejor aliado de la genialidad**.
  En realidad, durante el sueño profundo, la atención se retira de los sistemas sensoriales, que en estado de vigilia se mantienen activos. Como nuestros procesos mentales se dirigen hacia dentro, son mucho más ricos y relajados. Esto significa que, aunque el cuerpo esté dormido, la mente no lo está, sino que practica activamente un tipo distinto de conciencia. A diferencia de lo que ocurre con el pensamiento propio del estado de vigilia, los sueños se caracterizan por imágenes y sensaciones muy vívidas, en las que los acontecimientos fluyen de manera no racional ni lineal. Esta alteración de la conciencia se produce también cuando desviamos nuestra atención de los canales sensoriales habituales, por ejemplo, cuando, poco antes de dormirnos, comenzamos a desconectarnos de a poco, a alejarnos lentamente de los estímulos externos, y se nos

---

14. Poincaré, H. (1944): *Ciencia y método*. Espasa Calpe, Buenos Aires.

aparecen imágenes de gran riqueza, que se suceden unas a otras de manera aparentemente inconexa.

- Durante una investigación realizada en los Estados Unidos, se observó que durante el sueño profundo las neuronas producen nuevas zonas de contacto. En ese estado, el cerebro desecha las sinapsis o contactos que no necesita y fija los nuevos[15].

Sin que lo notemos, durante el sueño el cerebro pasa revista a lo sucedido durante el día, reforzando las asociaciones existentes y dejando huellas en la compleja red neuronal. Más aún: soñamos con imágenes y conceptos que viajarán de una zona a otra del cerebro antes de que pasen a formar parte de la memoria.

Al respecto, el análisis de los resultados de una investigación emprendida por científicos canadienses[16] los llevó a inferir que los recuerdos pueden aparecer entre cinco y siete días después en nuestros sueños y que esta aparición ocurre durante el proceso de almacenaje, es decir, cuando los recuerdos se trasladan de una región cerebral a otra antes de pasar a la memoria de largo plazo. El hipocampo contribuye a la formación del contenido de los sueños (y, posteriormente, de los recuerdos) porque su actividad aumenta durante la llamada fase REM (Rapid Eye Movement), caracterizada por un movimiento ocular rápido.

El hipocampo registra y retiene temporalmente la nueva información que ingresa a través de los sistemas sensoriales (lugares, aromas, sonidos, sabores, personas, etc.).

Mediante la conexión entre el hipocampo y la amígdala, el cerebro registra las emociones vinculadas a hechos contextuales que pasan a los almacenes de memoria. Recientemente, se ha descubierto que, además de intervenir en los registros de las memorias conscientes, el hipocampo actúa como mediador en memorias episódicas que no emergen a la conciencia.

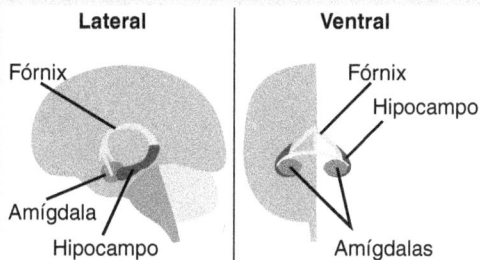

---

15. Conclusiones de Allan Hobson, especialista de la Harvard Medical School de Boston, quien lideró un experimento sobre el sueño.
16. Fuente: revista *Nature*. Investigación emprendida en el Dream and Nightmare Laboratory de Montreal, Canadá.

- En la misma línea de investigación, un grupo de científicos de los Estados Unidos[17] concluyó que la plasticidad en el cerebro depende de la etapa REM del sueño.
Cuando permanecemos despiertos, nuestras ondas cerebrales muestran un ritmo regular. A medida que nos vamos durmiendo, se vuelven más lentas y menos regulares. A este estado se lo denomina NREM (Non-Rapid Eye Movement), que significa sueño sin movimiento ocular rápido.
Cuando ha transcurrido aproximadamente una hora de sueño NREM, las ondas cerebrales comienzan a mostrar un patrón más activo. Este estado es el REM (Rapid Eye Movement).
Durante el sueño REM, el cerebro se activa eléctrica y metabólicamente, con frecuencias similares a las del estado de vigilia, y se registra un aumento importante del flujo sanguíneo. Es el estadio en el que se producen los sueños más vívidos, aquellos que suelen definirse como "estrafalarios".

CARACTERÍSTICAS DE LAS ONDAS CEREBRALES SEGÚN EL MOMENTO Y EL TIPO DE SUEÑO

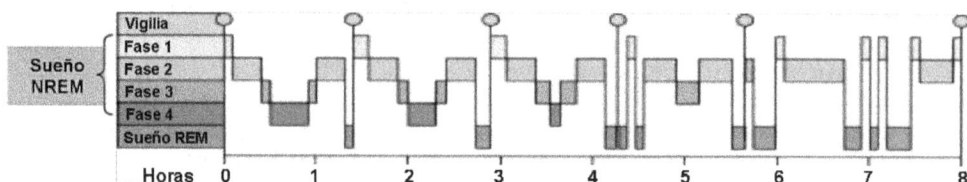

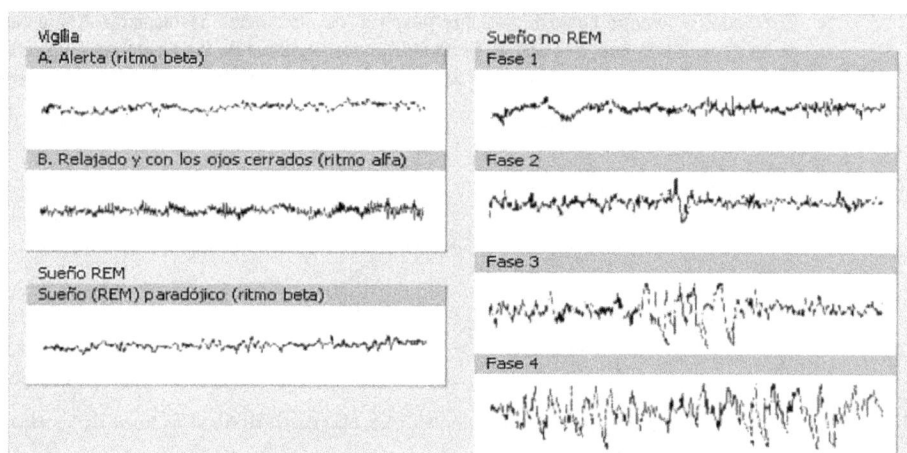

---

17. Investigación emprendida en la Universidad de California, liderada por Marcos Frank.

Tal como se observa en las imágenes, lejos de ser un momento de inactividad, el sueño es un estado de gran actividad. A nivel orgánico, incluye cambios hormonales, metabólicos y bioquímicos, entre otros. A nivel mental, es imprescindible para lograr un buen equilibrio psicofísico.

En función de lo expuesto, podemos inferir que el sueño no solo solidifica la información en la memoria: también mejora su calidad. Tal vez por ello, cuando tomamos distancia de un tema en el que estamos pensando y "descansamos", generalmente logramos una visión más clara sobre el problema que nos aqueja, o, mejor aún, llegamos al maravilloso momento de la "iluminación". La literatura sobre creatividad está plagada de testimonios sobre el famoso *momento eureka*.

Hasta aquí hemos hablado del sueño. La importancia del tema amerita el espacio que le hemos dedicado.

Sin embargo, no es menos importante el testimonio de personas que vinculan la creatividad a otros momentos del día en los que han logrado relajarse.

Por ejemplo, "la idea vino a mi mente de repente… no estaba pensando en nada…", me dijo en una oportunidad Carlos, uno de los profesionales de mi consultora, quien llevaba un par de días atascado en un proyecto. Le había sugerido que lo abandonara temporariamente, convencido de que si dejaba de pensar en el tema trabajaría mucho mejor su metaconsciente, y así fue.

Lo que Carlos en ese momento no sabía es que aun cuando conscientemente dirigiera su pensamiento y su atención hacia "B", su cerebro continuaría trabajando en "A"; por eso le llegó la solución al problema cuando menos lo esperaba.

Otro recurso muy interesante, surgido de investigaciones de la Universidad de Columbia, Inglaterra, es *soñar despierto*. Este tipo de situaciones crean un estado mental caracterizado por asociaciones que favorecen el pensamiento creativo. Algo similar ocurre con la *siesta energética*, que permite "reiniciar" el cerebro, posibilitando una auténtica puesta a punto del sistema neurológico que subyace al acto creativo.

La siesta energética tiene una duración que abarca entre 15 y 30 minutos como máximo. Consiste en un sueño liviano inmediatamente después del almuerzo, en posición sentado o semi-acostado, en sillas individuales o sillones especialmente preparados para tal fin.

Beneficios

- Mejora la capacidad de atención y concentración.
- Potencia los procesos de consolidación de la memoria.
- Mejora la resolución de problemas y la creatividad.
- Favorece la claridad mental necesaria para el razonamiento y la toma de decisiones.

Al igual que el sueño, el descanso es muy importante. Por ejemplo, si en épocas de balance usted dialoga con la gente del área contable, más de una vez escuchará relatos como el siguiente: "Estaba en la cama, remoloneando, y de repente... ¡descubrí dónde estaba la diferencia". Pareciera que estos momentos de "remoloneo cognitivo" reducen el control inhibitorio del cerebro, despejando la hojarasca para que surjan las mejores ideas.

Este tema es tan apasionante que tarde o temprano escribiré un libro completo sobre él. De momento, y en el siguiente cuadro, sintetizo mis ideas sobre los principales aspectos que debemos tener en cuenta para poner en "on" el potencial creativo de nuestro cerebro.

TÉCNICAS Y ESTRATEGIAS PARA EL DESARROLLO DE LA CREATIVIDAD

1. Analice cada uno de los apartados en los que describimos los bloqueos a la creatividad. ¿Alguno de ellos o varios lo afectan? ¿Cuáles? Reflexione y trate de resolverlos.
2. Duerma bien: el descanso aumenta las posibilidades de que funcione a pleno su inteligencia metaconsciente.
3. Infórmese sobre la siesta energética e incorpórela a su cotidianeidad. Ha sido comprobado que entre 20 y 30 minutos de sueño liviano proporcionan la claridad mental necesaria para la óptima resolución de problemas y el aumento de la creatividad.
4. Otórgueles a las pausas la importancia que tienen: la creatividad no prospera bajo presión.
5. Incorpore técnicas de relajación: la inteligencia creativa se incrementa cuando logramos aminorar el ritmo y, además, pensar en forma relajada posibilita estados cognitivos más amplios, pensamientos más abstractos y, consecuentemente, más flexibles.

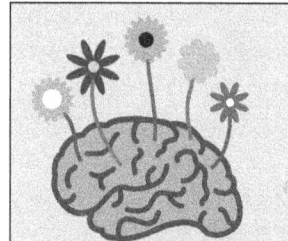

En los gimnasios cerebrales hallará una batería de técnicas de avanzada para desarrollar el potencial creativo de su cerebro.

6. No viva encerrado: realice algún tipo de actividad al aire libre o practique un deporte.
7. Diviértase y disfrute del ocio. "Cultive" el buen humor.
8. Aproveche los grandes beneficios que proporcionan los gimnasios cerebrales si no puede solo.
9. Realice cambios en su vida cotidiana:
   - Trate de preservar y potenciar su capacidad para el asombro y mantener constante un espíritu de descubrimiento. Tome por modelo la curiosidad propia del niño acerca del mundo que lo rodea. Incorpore el hábito de cuestionar cosas que otros consideran obvias.
   - Tan pronto como una tenue chispita de interés se encienda en su mente con respecto a algún tema en particular, apodérese de ella.
   - Anímese a ver más allá de los principios aceptados y de las perspectivas habituales. Combata viejos preceptos tales como "nosotros siempre lo hemos hecho de esta manera". Evite por completo las *recetas*.

Capítulo 10

Neuroliderazgo femenino

El capital competitivo de la mujer reside en su cerebro

Acceda al video mediante este QR
o en https://youtu.be/YELOWYAv7_w

Temas destacados ···

1. Las particularidades del liderazgo femenino están siendo intensamente estudiadas por las organizaciones.

2. Las habilidades diferenciales del cerebro femenino no tienen ninguna influencia en la inteligencia, se manifiestan principalmente en el modo de procesar la información, las emociones, la toma de decisiones y la conducta.

3. La influencia hormonal es determinante en la conformación de un cerebro como masculino o femenino e influye en la predisposición de ambos sexos para desarrollar estilos diferentes de liderazgo.

4. La biología no es inmune a los estímulos socioculturales. Debido al fenómeno de la neuroplasticidad, las sociedades humanas van esculpiendo el cerebro de hombres y mujeres desde muy temprana edad.

5. Un mayor nivel de testosterona (hormona masculina) influye en un mayor desarrollo del hemisferio derecho, del que dependen las habilidades visuoespaciales (aquellas en las que se destacan especialmente los varones) y aumenta la predisposición para agredir.

6. En la mujer, los niveles bajos de testosterona permiten que sus células cerebrales desarrollen más conexiones en los centros de comunicación y en las áreas que procesan emociones. Esto influye en su predisposición para armonizar y en sus habilidades innatas para la empatía.

7. El cerebro emocional de la mujer es más activo que el del hombre. Esta sensibilidad tiene gran influencia en la memoria de largo plazo.

8. La empatía cognitiva involucra la capacidad de conocer lo que otro está pensando o sintiendo sin que ello genere un sentimiento asociado a dicho estado. La empatía emocional es la capacidad de sentir algo similar a lo que está sintiendo el otro.

Hacia un nuevo paradigma: la mujer como protagonista destacada

En el siglo pasado y en lo que va del actual se hicieron más visibles que nunca las capacidades diferenciales que convierten a la mujer en una protagonista destacada. Científicas, ejecutivas de alto nivel, empresarias, ingenieras a cargo de obras de envergadura, cancilleres, ministras, diplomáticas… la lista es realmente impactante.

Más aún, es suficiente con leer los periódicos para ver con claridad el enorme poder de algunas de ellas. Por ejemplo, en el momento en que escribo este párrafo, Angela Merkel (Alemania) toma decisiones que afectan cotidianamente a millones de personas.

Este notable protagonismo explica (en parte) el interés creciente por descubrir el soporte neurobiológico de las capacidades de la mujer, particularmente en el campo del liderazgo, la toma de decisiones y el comportamiento.

Lo femenino en el neuroliderazgo: contenidos y aplicaciones

Rememorando los temas desarrollados en el Capítulo 7, el neuroliderazgo puede conceptualizarse como una conjunción entre las teorías más avanzadas sobre el liderazgo y los últimos descubrimientos de las neurociencias aplicables a estas.

Desde hace tiempo, el liderazgo femenino se destaca por sus aptitudes extraordinarias. Hoy estas competencias se están estudiando a nivel cerebral.

El interés en profundizar en esta temática no es casual, tiene su correlato con el liderazgo del futuro, ya que el nuevo paradigma involucra dos temas de enorme relevancia: *espiritualidad en el mundo de las organizaciones* y *liderazgo afectivo e inserción social de los sentimientos*.

En ambos casos, se necesitan capacidades para las cuales el cerebro femenino parece estar especialmente dotado.

Como disciplina, proporciona a las organizaciones las herramientas necesarias para seleccionar hombres y mujeres con un perfil neurocognitivo y emocional acorde al puesto que van a ocupar y, paralelamente, suministra un conjunto de metodologías para optimizar el desempeño de quienes ya forman parte del staff.

Ello implica, por un lado, el desarrollo de capacidades cerebrales y, por el otro, el diseño de ámbitos de trabajo que propicien la motivación, la creatividad, la armonía y el bienestar laboral, condiciones para las cuales, según las últimas investigaciones, el cerebro femenino evidencia estar particularmente dotado.

Por ejemplo, en un informe presentado por Deloitte para *El Financiero*[1] (en Centroamérica, donde estuve de gira en octubre de 2013) puede leerse lo siguiente:

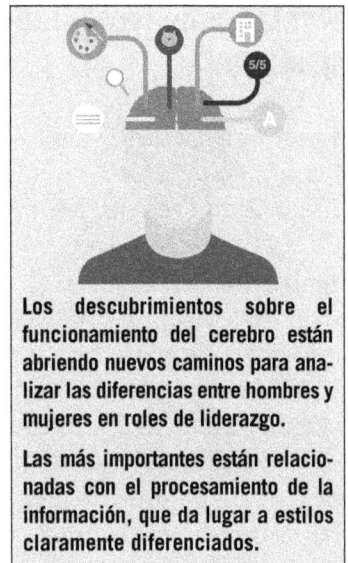

Los descubrimientos sobre el funcionamiento del cerebro están abriendo nuevos caminos para analizar las diferencias entre hombres y mujeres en roles de liderazgo.

Las más importantes están relacionadas con el procesamiento de la información, que da lugar a estilos claramente diferenciados.

"Recientes estudios afirman que las mujeres exitosas crean climas laborales más sólidos para sus equipos con relación a sus pares masculinos.

Por ejemplo, por su empatía, las mujeres suelen estar muy preparadas para gestionar entornos diversos o cambios dentro de la organización."

Destaca el informe que los puestos clave ocupados por mujeres se ubican en una amplia gama de industrias, entre ellas, servicios financieros, alimentos y bebidas, consumo masivo y salud.

Ellas y ellos. Lo neurobiológico, la cultura y la subcultura

¿Por qué la mayoría de los hombres prefiere los westerns, las películas policiales y las bélicas, mientras que las mujeres se inclinan por los dramas o las comedias románticas?

Excepto en el caso de los especialistas y cinéfilos, la mayor parte de las pequeñas guerras al revisar la cartelera se desatan porque "él" se aburre si no hay suspenso y acción, mientras que "ella" encuentra esos géneros poco interesantes, a veces demasiado llenos de sangre o vacíos de contenido.

---

1. *http://issuu.com/leticiasalasrelacionespublicas/docs/mujeres_en_puestos_directivos_y_gerenciales/3 ?e=4165489/5131408*

Durante mis conferencias en las que he hecho referencias al tema, algunas participantes me han cuestionado estas afirmaciones. Una de ellas me dijo en una oportunidad que jamás cambiaría *Pulp Fiction* (*Tiempos Violentos*), *Kill Bill* o cualquier otra película del genial Quentin Tarantino por una historia de amor o de conflictos familiares y existenciales. Y obviamente le creo, pero solo porque hay excepciones (de hecho, una de mis películas preferidas es *Cinema Paradiso,* considerada una historia de amor por el cine).

Las investigaciones revelan que en las preferencias según género suele haber notables mayorías y la realidad lo constata: es suficiente con observar a los corredores de Fórmula 1 o a los participantes del famoso Rally Dakar para ver con claridad que hay allí muchos más hombres que mujeres. A la inversa, si usted se acerca a un encuentro de danzaterapia oriental verá que la mayor parte de los grupos están integrados por "ellas", y lo mismo sucede en las clases de ballet clásico y en los encuentros de alta costura.

Si bien en las inclinaciones intelectuales y espirituales no es posible trazar ninguna línea, ya que el compromiso y la profundidad con la que se afrontan los diferentes aspectos de la vida no admiten distinción por género, en la vida cotidiana se observan diferencias interesantes.

Por ejemplo, muchos más hombres que mujeres prefieren ver deportes por televisión, salir de caza o de pesca, leer revistas sobre los últimos avances tecnológicos y engrosar su caja de herramientas cada vez que van al hipermercado.

Del mismo modo, muchas más mujeres que hombres acuden con frecuencia a salones de belleza, consumen revistas de diseño y decoración, estudian psicología en vez de ingeniería, invierten en cirugías estéticas y son receptivas a las ficciones románticas.

En una primera aproximación al tema, puede inferirse que estas diferencias se deben a factores socioculturales, y esto es cierto. Debido al fenómeno de neuroplasticidad, tanto el cerebro masculino como el femenino se van formando anatómicamente en función de las influencias que reciben del entorno. Sin embargo:

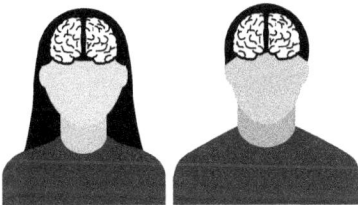

La neurociencia ha corroborado en numerosas investigaciones que existen componentes neurobiológicos que diferencian claramente al cerebro según el género, y que estas diferencias influyen en la percepción, en el estilo y tipo de pensamiento, en la forma de procesar la información (cognitiva y emocional), en la toma de decisiones y en la conducta.

Por qué la mayoría de los varones no juega con muñecas

La biología no es inmune a los estímulos socioculturales, todo lo contrario. Debido al fenómeno de la neuroplasticidad, las sociedades humanas van esculpiendo el cerebro de hombres y mujeres desde muy temprana edad, según el tipo de ideología y cosmovisión de cada segmento de adultos y formadores.

Por ejemplo, en el mundo occidental los varones se familiarizan con el conflicto desde pequeños, cuando se les regalan soldaditos, espadas, revólveres o muñecos con forma de monstruos. Estas claves culturales van determinando la morfología de su cerebro ya que cada vez que un niño juega a la guerra se van creando los neurocircuitos que están asociados a ese tema.

Ello explica (solo en parte) por qué las zonas relacionadas con la agresión son mayores en el cerebro masculino, mientras que las habilidades relacionadas con la empatía, esto es, con la capacidad de ponerse en el lugar del otro y sintonizar con sus emociones, están más desarrolladas en el femenino.

De hecho, si usted se detiene a observar una góndola de juguetes para niñas, repletas de muñecas, cunitas y objetos de color rosa, hallará numerosos ejemplos que le ayudarán a comprender cómo la cultura contribuye a modelar su cerebro como femenino.

Aun así, hay algunas preferencias que aparentemente son innatas, y no producto del fenómeno de neuroplasticidad asociado a factores culturales, como se ha creído hasta el presente.

Por ejemplo, los resultados de una investigación realizada en forma conjunta por profesores de la Universidad de Londres y de la Universidad de Texas permitieron descubrir que algunas preferencias de juguetes según el género no son producto de la socialización. Durante el experimento, realizado con simios de 1 a 4 años de edad, se incluyeron juguetes típicos de varones (como camiones, autitos), juguetes típicos de niñas (como las muñecas) y juguetes de género neutro (libros, entre otros).

Mediante una medición del tiempo que ambos sexos pasaban con los distintos juguetes, se observó en los simios machos una preferencia por los considerados masculinos y en las hembras, predilección por los considerados femeninos. Con respecto a los neutros, ambos sexos utilizaron la misma cantidad de tiempo en manipularlos o jugar con ellos. Dado que, obviamente, los animales no pueden ser influenciados por estímulos socioculturales, se infiere que la inclinación de uno y otro sexo hacia diferentes juguetes puede deberse a diferencias biológicas innatas.

En opinión del neurobiólogo alemán Gerald Hüther, autor del ensayo *Hombres, el sexo débil y su cerebro:*

"Lo que marca la diferencia entre hombres y mujeres comienza antes del nacimiento y es una concentración hormonal diferente: testosterona en el varón, estrógenos y progesterona en la mujer."

Sobre este tema profundizo en el siguiente apartado (subrayo que la afirmación de Hüther es compartida por una amplia mayoría en la comunidad científica).

Iguales, luego diferentes. El punto de partida

Las diferencias entre el cerebro del hombre y el de la mujer se inician en el desarrollo fetal, a las 8 semanas de gestación. Antes, los embriones masculinos y femeninos son prácticamente iguales. El desarrollo de las características masculinas está determinado por un gen que es exclusivo del cromosoma Y, que genera la transformación de las gónadas del embrión en testículos. Si este cromosoma no está presente, se desarrollan los ovarios.

A partir de la semana 8, la acción de las hormonas sexuales causaría la diferencia de género en el cerebro, tanto en la morfología como en las funciones; por ello, hombres y mujeres nacen con circuitos que los caracterizan como tales.

Estas diferencias no tienen relación alguna con la inteligencia, sino con la forma de percibir y procesar la información sensorial que ingresa al cerebro. Investigarlas permitirá aplicar una base científica para que tanto ellos como ellas (siempre que lo deseen) puedan elegir las actividades que mejor se adapten a su potencial neuronal, contribuyendo de este modo al desarrollo de capacidades innatas y, a su vez, a mejorar su desempeño.

Características e influencia de las diferencias neurobiológicas

El factor más importante, a la hora de analizar las diferencias neurobiológicas entre el cerebro del hombre y el de la mujer, así como también su comportamiento en las diferentes etapas de la vida, se vincula con el sistema endocrino.

❖ Recuerde:

La influencia hormonal es determinante en la conformación de un cerebro como masculino o femenino, y también en la predisposición de ambos sexos para desarrollar determinadas capacidades.

Por ejemplo, un mayor nivel de testosterona (hormona masculina) influye en un mayor desarrollo del hemisferio derecho, del que dependen las habilidades visuoespaciales (aquellas en las que se destacan especialmente los varones) y aumenta la predisposición para agredir. En el caso de la mujer, los niveles bajos de esta hormona permiten que sus células cerebrales desarrollen más conexiones en los centros de comunicación y en las áreas que procesan emociones. Esto influye en su predisposición para armonizar en los diferentes ámbitos en los que actúa y está relacionado, a su vez, con sus habilidades innatas para la empatía.

Asimismo, hombres y mujeres presentan diferencias morfológicas en determinadas estructuras, como el cuerpo calloso, la amígdala y el hipocampo, entre otras.

Si bien estas diferencias no pueden catalogarse como condicionantes, tienen una importancia que no podemos soslayar debido a su repercusión en la conducta.

En los siguientes apartados analizaré las particularidades más conocidas sobre el cerebro femenino, dejando en claro desde el principio que siempre hablaré de promedios y de mayorías representativas debido a que las excepciones pueden ser significativas.

De hecho, muchas mujeres son extraordinarias para entender y diseñar sistemas (una habilidad en la que el cerebro masculino es superior) y muchos hombres se destacan por sus capacidades empáticas y de oratoria (para lo cual está mejor dotado el cerebro femenino).

El cerebro femenino

Las siguientes son algunas de las características del cerebro femenino, tanto en lo morfológico como en lo funcional, que revelan diferencias en el procesamiento de la información cognitiva y emocional:

- **La capacidad para memorizar es mayor en la mujer, principalmente la fijación de recuerdos con contenidos emocionales.**

Por ejemplo, durante una investigación dirigida por Thomas Crook (uno de los principales especialistas en el mundo sobre el deterioro de la memoria), en la que participaron más de 50.000 personas, *las mujeres revelaron mayor capacidad para recordar listas, así como también para asociar el nombre de una persona con su rostro.*

También ha sido comprobado que *la mujer puede evocar recuerdos emocionales más rápidamente que el hombre y que los fija con mayor permanencia en el tiempo.*

Por ejemplo, en un experimento en el que se estudió la activación cerebral en un grupo expuesto a estímulos visuales de contenido emocional neutro o negativo, los primeros eran recordados más vívidamente por las mujeres.

En otra investigación se analizó la activación cerebral mientras participantes de ambos sexos miraban videos con dos tipos de contenidos: aversivos y neutrales.

La respuesta femenina fue más intensa en el caso de los aversivos (en las mujeres se activaba en mayor medida la amígdala izquierda, mientras que en los hombres se activaba particularmente la amígdala derecha).

Cabe señalar que en las mujeres el nivel de actividad en la amígdala izquierda se correlaciona fuertemente con la probabilidad de que el evento emotivo sea recordado, mientras que la actividad en la amígdala derecha no está relacionada con la fijación del recuerdo.

> **LA AMÍGDALA SEGÚN EL GÉNERO**
>
> La amígdala desempeña un rol activo en la vida emocional de ambos sexos y es más grande en el cerebro masculino.
>
> Sin embargo, ante estímulos de contenido idéntico o similar, tiene mayor activación en el cerebro femenino.
>
> Corteza prefrontal
> Amígdala
> Hipocampo

Asimismo, en el cerebro femenino las regiones involucradas en la reacción emocional coinciden con las áreas que participan en la codificación de la memoria episódica, lo cual contribuye a explicar por qué la mujer tiene mayor facilidad para evocar recuerdos emocionales con mayor intensidad y detalle vivencial que el hombre.

En síntesis:

> Los resultados de las investigaciones ponen en evidencia que el cerebro emocional de la mujer es más activo que el del hombre, y que esta sensibilidad tiene una gran influencia en la memoria de largo plazo.
>
> Como los recuerdos de contenido emocional son muy resistentes al paso del tiempo, difícilmente una mujer olvide algo que la conmovió profundamente.

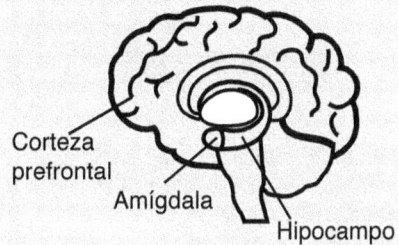

- **El cerebro femenino está mejor estructurado que el masculino para el desarrollo de empatía emocional.**

La empatía emocional se puede observar con mucha claridad en las mujeres desde que son muy pequeñas: las niñas que aún no han cumplido un año captan los estados de angustia o tristeza de otras personas más que los varones, y ello se refleja en su conducta.

La empatía cognitiva involucra la capacidad de conocer lo que otro está pensando o sintiendo sin que ello genere un sentimiento asociado a dicho estado. Por ejemplo, cuando una persona registra que otra está mal pero lo procesa como un dato de la realidad (no siente pena ni se preocupa).

La empatía emocional es la capacidad de sentir algo similar a lo que está sintiendo el otro, por ejemplo, cuando se experimenta un sentimiento de pena al observar tristeza en el rostro de un vecino o de un compañero de trabajo.

Los hombres utilizan más los neurocircuitos relacionados con la empatía cognitiva, mientras que las mujeres activan predominantemente los responsables de la empatía emocional, y lo hacen desde muy pequeñas: durante los primeros tres meses de vida, su capacidad de contacto visual y observación de rostros (en la que superan a los varones) crece en un 400%.

Normalmente se acercan y actúan cariñosamente con quienes perciben que están tristes o angustiados. En el caso de los recién nacidos, las niñas responden más que los varones cuando escuchan el llanto de otros bebés.

Esta aptitud natural (el cerebro femenino es superior al masculino en la cantidad de neuronas espejo, por lo tanto, es más empático y más comunicativo), también puede explicar el efecto de contagio emocional que se observa entre mujeres.

En síntesis:

Las investigaciones sugieren que los hombres tienen una menor respuesta empática en comparación con las mujeres y que, normalmente, estas experimentan y relatan con mayor intensidad sus estados emocionales.

Por ello, si en el momento en que una pareja experimenta una emoción desencadenada por el mismo hecho pudiéramos introducirnos en el interior de sus cerebros, veríamos que hay mayor actividad en el femenino.

Las neuronas espejo son un tipo particular de células cerebrales cuyas funciones se estudian intensamente debido a su rol en el aprendizaje, la imitación y la comunicación social.

Muchas se encuentran en la denominada área de Broca (que es la región principal del lenguaje) y en otras zonas de la corteza cerebral, incluyendo las relacionadas con la visión y la memoria.

Estas células se activan tanto cuando un individuo observa a otro realizar una acción como cuando es él mismo quien la ejecuta.

- **El cerebro femenino tiene un mayor desarrollo de las áreas del lenguaje.**

A lo largo de la evolución, y debido a la denominada memoria genética, la mujer obtuvo un mejor desarrollo de las zonas cerebrales relacionadas con el lenguaje.

Las áreas del lenguaje son entre un 20 y un 30% más grandes en el cerebro femenino.

A este hecho se debe (en parte) que la mayoría de las mujeres supere a los hombres en pruebas de lenguaje, velocidad para leer e interpretar textos, captar los matices emocionales en estos y escribir en forma creativa.

Estas capacidades, sumadas a sus habilidades empáticas, les otorgan una excelente plataforma para desarrollar habilidades de comunicación.

En la actualidad, *las niñas se desempeñan mejor que los varones cuando comienzan a leer y escribir, y logran mejores calificaciones en ortografía y gramática.*

Posiblemente esta ventaja se deba a que el cerebro femenino emplea ambos hemisferios para la lectura, mientras que el masculino utiliza solamente el derecho.

Por ejemplo, entre los estudiantes que participaron en el examen de selección para el ingreso en la Universidad Andrés Bello (Chile, año 2012), las mujeres obtuvieron el máximo puntaje en pruebas de lenguaje, 67%, más del doble que los varones (que lograron un 33%).

En líneas generales, y con algunas variaciones, estas puntuaciones son similares a las que se obtienen en otros países –hablando siempre "en promedio"–.

De hecho, si usted investiga quiénes hicieron historia en matemáticas, hallará unos cuántos cerebros femeninos extraordinarios, como los de Emmy Noether, Sophie Germain, Ada Byron y Sonia Kovalévskaya (entre tantos otros).

- **La sensibilidad ante situaciones de crisis, estrés y expresiones descalificadoras es mayor en el caso de la mujer.**

Si bien ambos sexos suelen experimentar emociones con la misma profundidad, hay diferencias en el comportamiento observado. En el caso de la ira, el hombre puede actuar de manera agresiva y terminar a los golpes. La mujer, en cambio, tiende al autocontrol o a la introspección, incluso a la represión, lo cual le provoca estados de angustia y la hace más proclive al estrés. Al ser más sensible, procesa en forma mucho más profunda los aspectos emocionales.

Esta mayor sensibilidad ha sido comprobada por las neurociencias en varios experimentos, por ejemplo, durante una actividad sobre expresiones descalificadoras, las neuroimágenes reflejaron que sus reacciones eran más intensas en comparación con las de los hombres[2].

La mujer reacciona con mayor intensidad que el hombre ante expresiones descalificadoras.

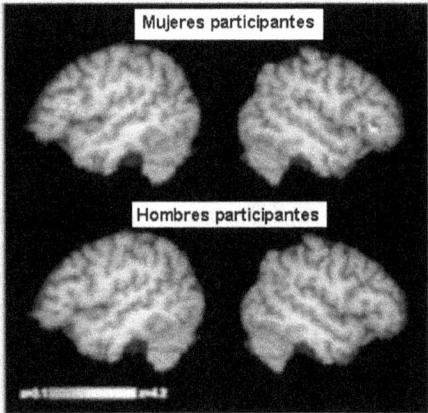

Activación de la corteza frontal interior en mujeres (arriba). Activación en hombres (abajo).
"Gender differences in the activation of inferior frontal cortex during emotional speech perception". Schimmer. *Neuroimage.*

Cuando una mujer experimenta algo que la conmueve profundamente, es normal que no pueda concentrarse en otra cosa porque su cerebro emocional tiene reacciones más intensas y aletargadas en comparación con el masculino.

Por ello el hombre puede focalizar su atención en un partido de tenis o concentrarse sin problemas para estudiar aun cuando acabe de discutir intensamente con su pareja.

Ellos y ellas: lugares, detalles y colores

Durante una investigación dirigida por Isaac Abramov en los Estados Unidos, los participantes (hombres y mujeres) debían describir lo que veían empleando una serie de términos previamente especificados.

---

2. *http://www.sciencedirect.com/science/article/pii/S1053811903007171*

Se observó que *los hombres superaban a las mujeres en la habilidad para captar detalles y objetos que se movían a gran velocidad (como un punto en el espacio), y que estas tenían mayor capacidad para distinguir y fijar los colores que habían visualizado.*

La superioridad masculina en la observación de los detalles se atribuye, por un lado, a la gran concentración de testosterona en la corteza cerebral y, por el otro, al fenómeno de la neuroplasticidad.

Por ejemplo, el rol del hombre como cazador, que debía divisar presas a gran distancia y orientarse en enormes extensiones, fue esculpiendo su cerebro y esas inscripciones fueron heredadas por las sucesivas generaciones. Por ello no son erradas las afirmaciones de que el género masculino viene al mundo con una brújula entre sus neuronas; de hecho, una zona del lóbulo parietal, implicado en funciones relacionadas con el movimiento y la orientación, tiene un mayor desarrollo en el cerebro masculino.

Cuando un hombre transita por un lugar de la ciudad que no conoce y le pide a su mujer que le indique por dónde debe tomar mirando un mapa de calles, existe la posibilidad de que ella tarde en suministrarle la información o que se equivoque al hacerlo.

En cambio, si ambos ya han hecho ese recorrido, ella recordará perfectamente que tenían que doblar a la izquierda luego del Hotel Internacional, continuar por la misma calle hasta una estación de gasolina, girar nuevamente a la izquierda, donde está el local de Wendy's, recorrer dos cuadras y detenerse antes de pasar la casa amarilla.

Estas diferencias se deben a que el cerebro masculino y el femenino procesan este tipo de información en forma diferente, tanto en velocidad como en la atención que les prestan a los estímulos. Las mujeres tienden a describir un itinerario recurriendo a formas, figuras, objetos y colores que han memorizado, mientras los hombres se ubican mejor con guías y mapas.

El tema de la agresividad

Una de las creencias más erróneas con relación al liderazgo femenino tiene que ver con la agresividad.

Por ejemplo, más de una vez he oído decir que, en oposición al comportamiento mesurado y "más tranquilo" de los hombres, las mujeres son

más "agresivas, provocadoras y ofensivas" (anoté estas calificaciones para no olvidarlas) en su rol como directivas o gerentes.

Sin embargo, la agresividad es mucho mayor en el sexo masculino. Se manifiesta desde temprana edad en los juegos que eligen los niños, así como también en la vida adulta: las peleas entre varones son más frecuentes, los ejércitos están predominantemente integrados por hombres y en las cárceles la población masculina es mayoritaria prácticamente en todo el mundo.

Si bien se tienen en cuenta las influencias socioculturales que hacen que un niño por lo general no elija una muñeca para jugar, ha sido comprobado que existen diferencias orgánicas que los inducen a este tipo de comportamientos, en las que juega un rol principal la testosterona.

También ha sido observado que la amígdala, considerada centro de las emociones y reguladora de reacciones de miedo y agresividad, reacciona en forma diferente (según el sexo) ante similares estímulos.

Por ejemplo, durante una investigación realizada con fMRI se exhibieron imágenes que contenían escenas de violencia y agresión a una muestra representativa de hombres y mujeres. *Los hombres tuvieron una mayor respuesta ante las escenas violentas (que se reflejó en la activación de ambas amígdalas y la corteza occípito-temporal izquierda), mientras que en las mujeres se desencadenaron diferentes niveles de estrés.*

Otros estudios revelaron una mejor respuesta en el sistema neural encargado de decodificar los estímulos agresivos en el sexo masculino (respuesta de vigilancia y orientación de la atención hacia dichos estímulos) en comparación con el femenino.

Las diferencias en el cuerpo calloso y sus relevancias en el liderazgo

El cuerpo calloso es una estructura neuronal que se encuentra entre ambos hemisferios y permite la comunicación entre ellos.

En la mujer es más ancho y blancuzco, mientras que en el hombre es más angosto y grisáceo.

Esta morfología puede explicar por qué la mujer puede hacer varias cosas al mismo tiempo, integra mejor los conocimientos, fundamenta más variadamente sus conclusiones y requiere mayor diversidad de argumentos para ser convencida.

Al compararla con el hombre, se observa que este tiende a abordar la información en forma secuencial y necesita menos argumentos para decidirse, por ejemplo, entre la alternativa A y la alternativa B.

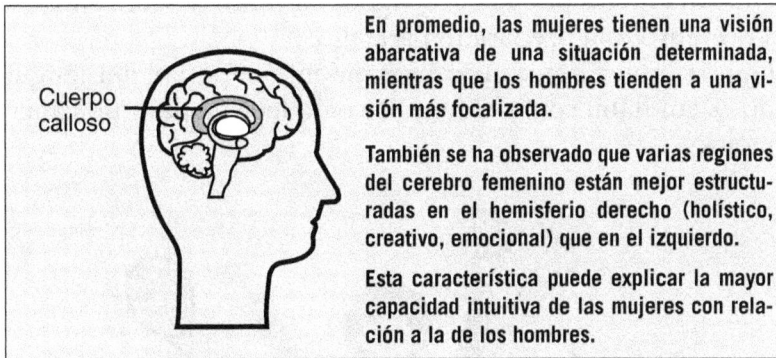

Cuerpo calloso

En promedio, las mujeres tienen una visión abarcativa de una situación determinada, mientras que los hombres tienden a una visión más focalizada.

También se ha observado que varias regiones del cerebro femenino están mejor estructuradas en el hemisferio derecho (holístico, creativo, emocional) que en el izquierdo.

Esta característica puede explicar la mayor capacidad intuitiva de las mujeres con relación a la de los hombres.

Síntesis y conclusiones

El componente biológico, en el que se destaca la influencia hormonal, ayuda a entender las **tendencias** de ambos sexos hacia determinadas aptitudes y explica por qué hay predominancia de un sexo u otro en diferentes ámbitos de la vida (trabajo, profesión, tipo de organización a la que pertenecen, etcétera).

Si bien los factores socioculturales inciden significativamente debido a la neuroplasticidad, la mujer viene al mundo con una muy buena plataforma para crear y sostener relaciones armoniosas y, a su vez, para generar actitudes conciliadoras cuando los conflictos son inevitables, por ejemplo, entre el padre y su/s hijo/s. Esta capacidad explica por qué muchos informes, como el de Deloitte que cité al principio, llegan a la conclusión de que las mujeres son muy exitosas cuando se proponen crear un buen clima laboral.

Hoy sabemos, por ejemplo (y repasando lo ya escrito):

- Que la sensibilidad cerebral ante el estrés y el conflicto es diferente según el género.
- Que la mujer tiene una mejor comunicación interhemisférica, por lo que es distinto el procesamiento de la información que lleva a cabo, respecto del hombre.
- Que hombres y mujeres no utilizan los mismos neurocircuitos para resolver un mismo problema.

- Que los hombres son más hábiles para los sistemas y las mujeres para el manejo de grupos (dadas sus condiciones para la empatía).
- Que la forma de almacenar los recuerdos es diferente y que en el cerebro femenino existe un fijador particular cuando hay emociones involucradas.
- Que una mujer puede hacer varias cosas sin desconcentrarse porque su cerebro está preparado para ello.
- Que la mujer tiene un procesamiento superior del lenguaje, pero no es tan hábil como el hombre para leer mapas y ubicarse espacialmente.

El conocimiento acerca de estas diferencias (que aquí no son exhaustivas, ya que se trata de una introducción) es muy importante para el neuroliderazgo.

El lector interesado en profundizar sobre el tema puede hacerlo en mi libro *Sácale partido a tu cerebro* y, próximamente, en el que publicaré sobre neuroliderazgo femenino.[3]

---

3. Véase también Braidot, N. (2013): *Cómo funciona tu cerebro*. Editorial Planeta, Barcelona.

Bibliografía consultada

Abler, B. *et al.*: "Neural Correlates of frustration". *Neuroreport* 16, 2005, 669-672.

Aggleton, J. P.: *The Amigdala: Neurobiological Aspects of Emotion, Memory and mental Disfunction*. Wiley, New York, 1992.

Alberca, F.: *Nuestra mente maravillosa*. Ediciones Temas de Hoy, Madrid, 2013.

Amen D.: *El sexo está en el cerebro*. Editorial Sirio, Málaga (España), 2012.

Anderson, J. R.: *Language, Memory, and Thought*. Erlbaum, Hillsdale, Nueva Jersey, 1976.

Asermet F. y Magistretti P.: *A cada cual su cerebro*. Katz, Buenos Aires, 2006.

Bachrach, E.: *Ágilmente*. Penguin Random House, Buenos Aires, 2012.

Bachrach, E.: *En cambio*. Editorial Sudamericana, Buenos Aires, 2014.

Baron Cohen, S.: *La gran diferencia*. Editorial Amat, Barcelona, 2005.

Bear, M. F.; Connors, B. W.: *Neurociencia. Explorando el cerebro*. Masson Williams y Williams, Barcelona, 1995.

Blakemore, S. y Frith, U.: *Cómo aprende el cerebro*. Planeta, Barcelona, 2011.

Braidot, N.: *Cómo funciona tu cerebro*. Planeta, Barcelona, 2013.

Braidot, N.: *Mejora tu agilidad mental en una semana*. Planeta, Barcelona, 2015.

Braidot, N.: *Mejora tu memoria en una semana*. Planeta, Barcelona, 2015.

Braidot, N.: *Neuroventas*. Ediciones Granica, Buenos Aires, 2013.

Brizendine, L.: *El cerebro femenino*. Editorial Del Nuevo Extremo, Buenos Aires, 2007.

Brizendine, L.: *El cerebro masculino*. RBA Libros, Barcelona, 2010.

Brothers, L.: "The social brain: a project for integrating primate behaviour and neurophysiology in a new domain". *Neuroscience*. I (1990), 27-51.

Calvo, M.: *Hombres y mujeres, cerebro y educación*. Almuzara, Córdoba (España), 2008.

Damasio, A.: *El error de Descartes: la razón de las emociones*. Andrés Bello, Madrid, 1999.

Damasio, A.: *En busca de Spinoza*. Editorial Crítica, Barcelona, 2006.

De Sousa, R.: *The Rationality of Emotion*. MIT Press, Cambridge (Massachusetts), 1991.

Denninson, P. y Denninson, G.: *Brain Gym*. Ediciones Robinbook S.L., Barcelona, 2007.

Dispenza, J.: *Desarrolla tu cerebro*. Ediciones Palmira, Madrid, 2008.

Doidge, N.: *El cerebro se cambia a sí mismo*. Aguilar, Madrid, 2008.

Ehrenberg, M., y Ehrenberg, O.: *Cómo desarrollar una máxima capacidad cerebral*. Edaf, Madrid, 1986.

Ekman, P.: *Emotions Revealed: Recognizing Faces and Feelings to Improve Communication and Emotional Life*. Phoenix (Orion), Londres, 2004.

Fonseca, A. y Aldrey, S.: *Mental Trainer*. Libros Cúpula, Barcelona, 2008.

Frackowiak R. *et al.* : *Human Brain Function*. Academic Press, Nueva York, 1998.

Gawain, S.: *Visualización Creativa*. Editorial Sirio, Málaga, 1990.

Gazzaniga, M. S.: *¿Quién manda aquí?* Paidós, Madrid, 2012.

Gazzaniga, M. S. y Le Doux, J. E. *The Integrated Mind*. Plenum Press. Nueva York, 1978.

Gazzaniga, M. S.: *Nature's Mind: the Biological Roots of Thinking. Emotion Sexuality, Language and Intelligence*. Basic Books, Nueva York, 1992.

Gladwell, M.: *Inteligencia intuitiva*. Taurus, Buenos Aires, 2006.

Goldbert, E.: *El cerebro ejecutivo*. Editorial Crítica, Barcelona, 2004.

Greenfield, S.: *El poder del cerebro*. Editorial Crítica, Barcelona, 2007.

Greenspan Stanley, L.: *El crecimiento de la mente y los ambiguos orígenes de la inteligencia*. Paidós, Barcelona,1997.

Guyton, A. C.: *Anatomía y fisiología del sistema nervioso. Neurociencia básica*. Editorial Médica Panamericana, Madrid, 1974.

Hamel, G. y Prahalad, C.K.: *Compitiendo por el futuro*, Ariel, Barcelona, 1994.

Hebb, D.: *The organization of behavior; a neuropsychological theory*. John Wiley & Sons, Nueva York, 1949.

Hernáez-Goñi P.; Tirapu-Ustárroz J.; Iglesias-Fernández L.; Luna-Lario P.: "Participación del cerebelo en la regulación del afecto, la emoción y la conducta". *Rev Neurol.* 51 (2010), 597-609.

Jáuregui, J.: *Cerebro y emociones*. Maeva Ediciones, Madrid, 1997.

Kandel, E.; Jessell, T. y Schwartz J.: *Neurociencia y conducta*. Prentice Hall, Madrid, 1997.

Kandel, E.: *En busca de la memoria: el nacimiento de una nueva ciencia de la mente*. Katz Editores, Madrid, 2007.

Kolb, B. y Whishaw, I.: *Neuropsicología humana*. Editorial Médica Panamericana, Buenos Aires, 2006.

Lapp, D.: *Potencie su memoria en una semana*. Gestión 2000, Barcelona, 2001.

Le Vay, S.: *The sexual brain*. MIT Press, Cambridge (Massachussetts), 1993.

LeDoux, J.: *The Emotional Brain*. Simon and Shuster, Nueva York, 1996.

Lezak, M. *et al.*: *Neuropsychological assessment*. Oxford University Press, Oxford, 2006.

Liaño, H.: *El conflicto de los sexos*. Ediciones B. S.A, Barcelona, 2014.

Llinás, R.: *El cerebro y el mito del yo*. Norma, Bogotá, 2003.

Montejo, P. y Montenegro, M.: *Gimnasia para la memoria*. Espasa Calpe, Madrid, 1997.

Mora, F.: *¿Se puede retrasar el envejecimiento del cerebro? 12 claves*. Alianza Editorial, Madrid, 2010.

Nogués, R. R.: *Sexo, cerebro y género*. Paidós, Barcelona, 2003.

Pribram, K.H, y Luria, A.: *Psychophysiology of the Frontal Lobe.* Academic Press, Nueva York, 1973.

Puente, A.: *Memoria Semántica, teorías y modelos.* McGraw-Hill, Caracas, 1995.

Rizzolatti, G. y Sinigaglia, C.: *Las neuronas espejo.* Paidós, Barcelona, 2006.

Rubia, Francisco J.: *El cerebro nos engaña.* Ediciones Temas de Hoy, Madrid. 2000.

Rubia, Francisco J.: *El sexo del cerebro,* Ediciones Temas de Hoy, Madrid, 2007.

Seligman, M.: *La auténtica felicidad.* Zeta, Barcelona, 2011.

Shallice, T.: *From Neuropsychology to Mental Structure.* Cambridge University Press, Nueva York, 1989.

Shone, R.: *Visualización creativa.* Madrid, Edaf, 1984.

Springer, S. P. y Deutsch, G.: *Cerebro izquierdo, cerebro derecho.* Editorial Gedisa S.A., Barcelona, 2006.

Squire, L.R y Knowlton B. J.: "Memory, hippocampus and brain systems". En *The cognitive neurosciences* (M. Gazzaniga, ed.). Cambridge (Massachusetts), 1995.

Straus, R.: *Potenciación de la mente creativa.* Libro Guía, Madrid, 1991.

Urcola, J. L.: *La motivación empieza en uno mismo.* Esic Editorial, Madrid, 2005.

Vázquez, G.: *Neurociencias, bases y fundamentos.* Editorial Polemos, Buenos Aires, 1984.

Vincent, J.-D.: *Voyage extraordinaire au centre du cerveau.* Odile Jacob, París, 2007.

www.ingramcontent.com/pod-product-compliance
Lightning Source LLC
Chambersburg PA
CBHW051411200326
41520CB00023B/7189